Perfekcyjna pani domu

Stań się boginią domowego ogniska
i królową czystości: sztuka nowoczesnego
zarządzania domem w 19. lekcjach

Anthea Turner

FILO
WYDAWNICTWO

First published in Great Britain in 2007 by Virgin Books Ltd.

Tytuł oryginału: The Perfect Housewife
Przekład z języka angielskiego: Edyta Basiak
Wydawca: Katarzyna Drewnowska
Redakcja: Joanna Figlewska
Korekta: Urszula Okrzeja
Skład: Milena Leśniak

FILO

Wydawnictwo Filo
ul. Jeżewskiego 3/39
02-796 Warszawa
e-mail: filo@filo.com.pl

firma księgarska fk Jacek Olesiejuk

Wyłączna dystrybucja: Firma Księgarska
Jacek Olesiejuk Sp. z o.o., ul. Poznańska 91
05-850 Ożarów Mazowiecki
www.olesiejuk.pl / www.oramus.pl

ISBN 978 83 924359 2 1

Druk i oprawa: Białostockie Zakłady Graficzne S.A.

Informacje o książkach Wydawnictwa Filo znajdziesz na stronie internetowej:
www.filo.com.pl

Spis treści

Podziękowania:

Anthea Turner:
Dziękuję Grantowi Mansfieldowi i zespołowi produkcyjnemu RDF Production z Bristolu, którzy nie mają sobie równych.

BBC3 za ich nieustające wsparcie.

Heather Norris i całemu zespołowi z Virgin za wydanie tej książki, choć ich biuro nie przeszłoby testu białej rękawiczki!

Michaelowi Joyce'owi, Sarze Hutchinson, Christinie Todd i Amandzie Armstrong, dzięki którym moje życie jest prostsze.

Kerry Southern i mojemu zespołowi z Imagine Furnishings, którzy dbają o wszystko, podczas gdy ja jeżdżę po całym kraju i zaglądam ludziom do szafek, szuflad i pod łóżka (nie uwierzylibyście, co tam znajduję!).

Tym, którzy przez lata wywarli wielki wpływ na moje życie, choć mogą sobie z tego nie zdawać sprawy – Sue Van Der Ree, Lindzie Young, Pat Astbury i Joan Sims.

Sally Meen za to, że stanowiła dla mnie silną konkurencję.

Mamie i Tacie za to, że nauczyli mnie doceniać piękne przedmioty.

I wreszcie Grantowi, Lily, Amelii, Claudii oraz naszym psom Diggerowi i Buddy, dzięki którym nasz dom jest prawdziwym domem.

BBC THREE:
Julian Bellamy

RDF Television:
Grant Mansfield
Nick Shearman
Jo Shinner
Hattie Saxton
Louise Astbury
Maria Morley
Conrad Mewton

RDF Management:
Michael Joyce

RDF Rights:
Rachel Barke
Carly Spencer
Fiona McGarrity

WSTĘP

Przez całe swoje życie urządzałam domy. Ten pierwszy był domkiem pod drzewem. Odwrócone do góry dnem doniczki pełniły rolę krzeseł, kartonowe pudło udawało stół, za łóżko służyła poszewka na poduszkę wypchana sianem, a obudowa starego wentylatora odgrywała rolę kuchenki. Godzinami przyjmowałam w tym domku gości, a byli wśród nich mama, tato, młodsze siostry, koleżanki, i cała kolekcja moich pluszowych misiów. Najcenniejszy z nich siedzi teraz na półce i spogląda na mnie, gdy piszę te słowa.

Nasz dom jest naszą opoką, gniazdem i schronieniem. Odzwierciedla to, kim jesteśmy, co możemy dać innym, i w jakim stanie ducha się obecnie znajdujemy. Dlaczego są domy, które chętnie odwiedzamy, i takie, w których nie czujemy się komfortowo? Byłam już w tak wielu domach, zarówno na gruncie prywatnym, jak i zawodowym, że są dla mnie niczym otwarta książka i rzadko zdarza mi się na podstawie tego co widzę formułować błędne wnioski.

W tym momencie chcę coś wyjaśnić. Często spotykam się z pewną wymówką, która sprawia, że gotuje się we mnie krew (nawet gdy o tym piszę, czuję, że skacze mi ciśnienie), zwłaszcza gdy jest używana w dyskusji ze mną jako argument. Piękny, przytulny dom ma niewiele wspólnego z pieniędzmi czy jego rozmiarem. Sztuka polega na tym, by maksymalnie wykorzystać dostępne nam zasoby. Często opowiadam pewną historię, żeby zilustrować to, co mam na myśli. Ostatnio podzieliłam się nią z grupą studentów, którzy mieszkali jak w chlewie w przepięknym starym domu w Bristolu. Oto ona: pracując dla organizacji The Brooke Hospital*, wybrałam się do Indii, gdzie wraz z weterynarzem odwiedzaliśmy ubogie wioski w pobliżu Delhi, potrzebujące naszej pomocy. Tego konkretnego dnia poznaliśmy trzynastoosobową rodzinę zamieszkującą wspólnie jeden dom. Jej życie było w pełni zależne od pracy jedynego muła. To na jego grzbiecie dzieci jeździły do szkoły i to on zawoził ojca i starszych braci na pola, gdzie ścinali trzcinę cukrową (ich zarobek zależał od ilości trzciny ściętej i przewiezionej na miejsce skupu). Można by powiedzieć, że to zwierzę pełniło rolę terenowego samochodu z napędem na cztery koła. Niestety, uległo wypadkowi – jego tylne nogi były poważnie poranione i istniało ryzyko infekcji. Infekcja oznaczała utratę władzy w nogach, muł nie mógłby pracować, a rodzina straciłaby jedyne źródło utrzymania.

---

* The Brooke jest organizacją charytatywną zajmującą się niesieniem bezpłatnej opieki weterynaryjnej zwierzętom roboczym: koniom, mułom i osłom. Zwierzęta te pracują na utrzymanie całych rodzin zamieszkujących ubogie kraje.

Już w drzwiach czekało nas niezwykle ciepłe powitanie. Zaparzono herbatę i wyniesiono dla mnie jedyne krzesło, jakie posiadała ta rodzina. Obejrzałam ich kuchnię, w której puszki po jedzeniu wykorzystano na wszelkie możliwe sposoby, tworząc różne przedmioty – od lampek do pojemników na przechowywanie produktów. W salonie bielone wapnem ściany, zrobione z cegieł i gliny, zostały przyozdobione jaskrawymi tkaninami. Pościel znajdująca się w sypialniach była zgrzebna, ale zadbana i idealnie czysta. To było miejsce, w którym chciało się zostać. Mieli tak mało, ale udało im się stworzyć prawdziwy dom – źródło dumy i radości.

Rozejrzyj się wokół siebie: czy w maksymalny sposób wykorzystujesz to, co masz? Czy ci zależy? Czy twój dom jest dla ciebie powodem do dumy? A może słowa „ciężka praca" i „organizacja" są ci obce?

Jednym z (wielu) problemów nękających współczesne społeczeństwo jest fakt, że dbanie o dom sprowadziliśmy do roli zajęcia dla kompletnych nieudaczników życiowych, lub wciskamy je na siłę w nasz napięty grafik. Dbanie o dom nie znajduje się już na liście priorytetów, a dokonania ludzi (zwłaszcza kobiet) mierzymy na podstawie ich osiągnięć poza domem. Cóż, ja nie mam ochoty obudzić się, w wieku pięćdziesięciu lat, trzymając w objęciach stertę kaset wideo dokumentujących moje największe dokonania w telewizji. Rodzina i przyjaciele dadzą mi dużo więcej satysfakcji. Zapytałam jedną z uczestniczek programu „Perfekcyjna Pani Domu", jak zdefiniowałaby swoją rolę. Nie zwlekając, odparła, że przed urodzeniem pierwszego dziecka (pięć lat wcześniej) pracowała na stanowisku głównej księgowej w branży marketingowej i że zamierza wrócić do pracy za dwa lata, kiedy jej najmłodsze dziecko pójdzie do szkoły. Czyżby przez siedem lat nie żyła w zgodzie ze sobą i nie była w stanie powiedzieć z podniesioną głową: „Jestem teraz panią domu i mamą, uwielbiam to i jestem w tym dobra?". Niestety, nie.

Ja sama mam problemy z określeniem siebie, ponieważ, jak większość kobiet, odgrywam wiele ról. Jestem żoną, macochą, przyjaciółką, córką, siostrą, panią domu, prezenterką telewizyjną, szefową firmy meblarskiej, zajmuję się poza tym mnóstwem innych rzeczy, o których na pewno nie chce ci się czytać. Fakt, że jestem w stanie połączyć te wszystkie funkcje, zawdzięczam sprawnej organizacji, a to oznacza, że w moim domu – mojej bazie i odskoczni – wszystko musi chodzić jak w zegarku. Potrzebuję tego nie tylko ja sama, ale również wszystkie osoby ode mnie zależne. Bo owszem, mam pomoc – w końcu najważniejszą zasadą zarządzania jest wyznaczanie obowiązków. Realizując pierwszą serię programu, poznałam błyskotliwą, inteligentną kobietę o imieniu Tracy. Miała ładny dom w Cheshire, dwójkę małych dzieci, zarządzała z domu agencją PR i usiłowała być „superwoman". Sprawy wymknęły się jej spod kontroli, a ona sama zaharowywała się, usiłując zapanować nad chaosem. Zapytałam, dlaczego nie zatrudni jakiejś pomocy, skoro ewidentnie ją na to stać. Odparła, że wywołałoby to u niej poczucie winy. Przecież powinna być w stanie sama nad wszystkim zapanować. Podejrzewam, że przeczytała zbyt wiele idiotycznych poradników. Bardzo cię proszę, jeśli możesz sobie na to pozwolić, zatrudnij pomoc do mycia okien, sprzątania, prasowania, opieki nad dziećmi i pielęgnacji ogrodu.

Każdy przypadek jest indywidualny, trudno więc silić się na uogólnienia, ale chyba mogę bezpiecznie stwierdzić, że prowadzenie domu jest podobne do prowadzenia małego hotelu. Nie ma tu miejsca na sentymenty. Trzeba mieć biznesowe podejście i jak najlepiej wykorzystać dostępne finanse i czas. Wspominam często pewien dzień, gdy akurat ubiegałam się o tytuł „Superwoman Roku". Biegłam w środku nocy na dół z workiem pełnym śmieci, kiedy znienacka worek się rozdarł, a jego obrzydliwa zawartość wysypała się na schody. Tego dnia nie przystąpiłam od razu do sprzątania, przeklinając jak szewc, ale wybuchnęłam płaczem. Wiem, że to babskie zachowanie, ale byłam u kresu wytrzymałości. Ten rozdarty worek na śmieci był ostatnią kroplą. Następnego dnia, po kilku ostrych słowach od mojego męża, na nowo ustaliłam swoje priorytety i do prowadzenia domu podeszłam z zupełnie innej strony.

To ty prowadzisz swój dom, a nie na odwrót. Nie jesteś niewolnicą i musisz cenić swój czas. Czytałam kiedyś książkę o prowadzeniu domu, w której calusieńka strona była poświęcona obszywaniu materiałem wieszaków na ubrania. Całkowicie się zgadzam, że ubrania powinny wisieć na przyzwoitych wieszakach. Słono płacimy za stroje z najnowszych kolekcji, należy więc o nie dbać. Ale samodzielne obszywanie wieszaków? Obliczyłam, że obszycie czterech wieszaków zabrałoby mi dokładnie cztery godziny. To oznacza, że – nie wliczając materiałów – sam czas poświęcony na ich wykonanie jest wart przynajmniej 60 zł, a w tej cenie można kupić sześć zapachowych, obszytych materiałem wieszaków. Nie twierdzę, że takie podejście należy mieć zawsze i do wszystkiego. Są takie rzeczy, jak na przykład domowa szarlotka, których nie kupimy za żadne pieniądze świata, ale mam nadzieję, że wiesz, o co mi chodzi.

Pracując poza domem, musisz się dostosować do planu narzuconego ci przez pracodawcę: cele, daty i terminy zmuszają cię do organizacji pracy. W domu sama jesteś szefem, więc nie możesz sobie pobłażać i pozwalać na tracenie czasu na nieistotne sprawy, takie jak przeciągane w nieskończoność pogaduszki pod szkolną bramą, godziny spędzone na licytowaniu niepotrzebnych przedmiotów na Allegro (nie zapominaj o wartości twojego czasu!), rozmaite gry online, powtórki seriali i telezakupy, mejlowanie, SMS-owanie, itd., itp.

Jednym z najważniejszych dla ciebie słów musi stać się wyraz „priorytet". Przygotowując któryś z odcinków programu, trafiliśmy do straszliwie zabałaganionego domu. Jego właścicielka wyszła nam na spotkanie z talerzem świeżo upieczonych, domowych rogalików. Wyglądały ślicznie, musiały być niezwykle pracochłonne i smakowały zupełnie jak rogaliki, które można kupić w cukierni. Mniam! Ale czy ona naprawdę miała czas, by je przygotować? Jedno spojrzenie na dom i od razu nasunęła się odpowiedź: Nie.

Nieważne, czy mieszkasz sama, z przyjaciółmi, w związku partnerskim, czy masz rodzinę. Niezależnie od sytuacji, zazwyczaj jedna osoba przejmuje odpowiedzialność za prowadzenie domu. Jeśli mogę się pokusić o uogólnienie (co jest zawsze niebezpieczne), tą osobą jesteś ty. W końcu czytasz tę książkę i jesteś kobietą (przykro mi, panowie, ale w tych sprawach naprawdę jesteśmy lepsze). Oczywiście umiem uzupełnić olej w samochodzie, naprawić płot czy zamocować półkę, ale jeśli mogę, wolę tych rzeczy nie robić. Większość znanych mi facetów świetnie sobie radzi z prasowaniem koszul, nakryciem stołu czy ułożeniem poduszek (sztuka sama w sobie), ale to, co dobre dla jednych, niekoniecznie musi być dobre dla drugich. Odłóżmy więc na bok polityczną poprawność.

Wrócę na chwilę do zasady prowadzenia domu jak małego hotelu: ty jesteś menedżerem, i to ty ustalasz zasady. Jeśli ktoś ma ochotę przejąć twoje obowiązki – droga wolna, choć, szczerze mówiąc, wątpię, by tak się zdarzyło. Wszyscy wielcy menedżerowie – i menedżerki – zachęcają podwładnych do pracy nie pokrzykiwaniami, ale stawiając siebie samych za przykład. Ich energia i zaangażowanie są źródłem inspiracji dla całego zespołu. Czy można oczekiwać od dzieci sprzątania pokojów, kiedy za przykład mają dorosłą wersję małego bałaganiarza?

Kiedy wszyscy domownicy dostrzegą zalety płynące z posiadania czystego, dobrze zorganizowanego domu, nikt nie będzie chciał powrócić do tego, co było wcześniej, mogę ci to obiecać.

Szczegółowe informacje znajdziesz dalej, ale w zarysie tak będzie wyglądać twoja strategia: prosta, skuteczna, w czterech krokach.

1. Wielkie Odgracanie,
2. wyjątkowo gruntowne porządki,
3. wprowadzenie systemu organizacji domu,
4. uczynienie domu przytulnym.

Przyznaję, że pod koniec poczujesz się wyczerpana, ale wrażenie wszechogarniającego samozadowolenia będzie silniejsze od zmęczenia.

Praca nad programem „Perfekcyjna Pani Domu" od początku dawała i nadal daje mi wiele radości. Nie jestem w nim jedynie „prezenterką" – ten program pokazuje, jaka jestem naprawdę, i głęboko wierzę we wszystko, co w nim mówię lub robię. Program znalazł się na antenie dzięki wspaniałemu zespołowi produkcyjnemu i stacji BBC3, która w nas uwierzyła. Dziękuję – dowiedliście, że wszyscy mieliśmy rację.

Anthea Turner x

MYDŁO

LEKCJA 1

WIELKIE ODGRACANIE

Jak pozbyć się rupieci, pokój po pokoju

Jeśli chcesz mieć czysty i dobrze zorganizowany dom, wcale nie musisz spędzać całych dni w fartuszku, z rurą odkurzacza w jednej dłoni, mopem w drugiej i szmatką do kurzu w zębach. Możesz skorzystać z prostych sposobów na ułatwienie sobie pracy. Wybierz te, które najbardziej ci odpowiadają, i wykorzystaj je, by stworzyć dom, w którym będziesz czuła się szczęśliwa.

Na samym początku musisz się pozbyć z domu rupieci. Nie da się posprzątać domu pełnego niepotrzebnych gratów. Jak nasi przodkowie, musisz stać się myśliwym-zbieraczem: rozpocznij polowanie na brud i pozbieraj zalegające śmieci.

Znaki rozpoznawcze

Czy tak wygląda twój dom? Zaznacz wszystkie pasujące odpowiedzi.

- ☐ Gości witasz słowami: Jak się cieszę, że was widzę. Przepraszam za bałagan.
- ☐ Przedpokój jest zawalony butami, torbami i rupieciami.
- ☐ Kosze na śmieci są przepełnione do granic możliwości.
- ☐ Stół jadalny ginie pod stertami śmieci.
- ☐ Wszystkie szuflady pękają w szwach, a po otwarciu ich zawartość wysypuje się na zewnątrz.
- ☐ Wszystkie kąty w przedpokoju są zastawione pudłami i siatkami pełnymi „niezbędnych" drobiazgów.
- ☐ Na półce masz kasety wideo, których nie obejrzałaś od dwóch lat.
- ☐ W twojej szafie są przynajmniej trzy ubrania, których nie włożyłaś w ciągu ostatnich dwóch lat.
- ☐ Blatów kuchennych praktycznie nie widać spod stosów rzeczy.
- ☐ Łazienka wygląda jak po przejściu stada dzikich bawołów.
- ☐ Łóżka są zarzucone stosami ubrań, książek i czasopism.

Jeżeli zaznaczyłaś przynajmniej trzy odpowiedzi, twój dom błaga o ratunek. Najwyższa pora na Wielkie Odgracanie.

Jak uprzątnąć rupiecie

Pierwsza lekcja to zakaz wstępu dla bałaganu i nieporządku do twojego domu. Dzięki temu zamiast wstydu poczujesz ulgę oraz dumę ze swojego mieszkania. Nie musisz wierzyć mi na słowo, wystarczy porozmawiać z którąś z uczestniczek programu „Perfekcyjna Pani Domu". Sprzątanie zajmuje dwa razy tyle czasu, jeśli najpierw musisz się przekopać przez sterty ubrań i stosy gazet, oraz uprzątnąć zalegającą od miesięcy na stole korespondencję i setki innych drobiazgów.

Odgracanie domu jest warte wysiłku. Owszem, to może być trudne i stresujące zadanie, ale jeśli do pracy włączysz wszystkich domowników, przyniesie wam wiele satysfakcji, a może również i przyjemności.

Kiedy wszyscy już będziecie w nastroju do odgracania, postaraj się, żeby każdy zapamiętał tę prostą zasadę: W domu jest miejsce tylko na rzeczy potrzebne, piękne, lub o dużym znaczeniu sentymentalnym.

Każda rzecz musi sobie zasłużyć na miejsce w twoim domu.

Być może uważasz, że to dużo pracy, ale kiedy już zlikwidujesz ogniska bałaganu, twój dom wyda ci się odnowiony – i ty też tak się poczujesz. Nieporządek odejdzie do historii, a sprzątanie stanie się łatwe i przyjemne.

Zaczynamy!

Co to są rupiecie?

- Wszystkie popsute rzeczy, których nie zamierzasz naprawiać.
- Wszystko, co ci się nie podoba.
- Wszystko, czego nigdy nie nosisz i nie używasz.
- Niechciane prezenty.

Co nie jest rupieciem?

- Wszystko, czego regularnie używasz.
- Wszystko, co uważasz za piękne.
- Wszystko, z czym łączą się piękne wspomnienia (nie pozwól sobie na nadmierny sentymentalizm).

Sztuka pozbywania się rupieci

Pozbywanie się rupieci jest czynnością wymagającą starannego zaplanowania. Nim zaczniesz, przejrzyj wszystkie szafki i szuflady, i niezależnie od tego, co się w nich aktualnie znajduje, zaplanuj, co zamierzasz w nich przechowywać w przyszłości. Dzięki temu podczas sprzątania będziesz mogła od razu odkładać rzeczy na miejsce. Nie chodzi o to, żeby po prostu ułożyć równo w szufladzie czy szafce znajdującą się tam kolekcję przypadkowo zgromadzonych przedmiotów – to najprostsza droga do klęski.

Zaplanuj tylko tyle pracy, ile jesteś w stanie wykonać jednorazowo: jeden pokój lub tylko pół, jedną szafkę, a nawet jedną szufladę. Warto zacząć od bałaganu, który rzuca się w oczy – sterty gazet, porozrzucane po podłodze buty, ubrania wiszące na oparciach krzeseł, na łóżkach czy na podłodze. Uprzątnij je, a efekt będzie zdumiewający. Jeżeli porządkujesz wnętrze szafki, wyjmij z niej tylko tyle rzeczy, ile możesz włożyć z powrotem w ciągu godziny.

Nim zaczniesz, przygotuj sobie cztery duże worki na śmieci i oznacz je następująco: NA SPRZEDAŻ, DLA POTRZEBUJĄCYCH, DO ODZYSKU i DO KOSZA. Wkładając rzeczy, których chcesz się pozbyć, od razu do właściwego worka, unikniesz konieczności segregowania wielkiej sterty śmieci z podłogi. Wszystko, co chcesz zatrzymać, od razu odkładaj na miejsce.

Warto mieć pod ręką papierową torbę na listy, rachunki, dokumenty, instrukcje obsługi i inne ważne papiery, które na pewno wpadną ci w ręce podczas robienia porządków w szufladach i szafkach. Łatwiej będzie je później posegregować podczas wprowadzania systemu przechowywania ważnych dokumentów (Lekcja 9).

Biorąc do ręki jakąś rzecz, musisz sobie zadać cztery pytania, które ułatwią ci podjęcie decyzji, do którego worka dana rzecz powinna trafić:

- Czy naprawdę tego potrzebuję?
- Czy używam tej rzeczy?
- Czy to naprawdę mi się podoba?
- Ilu takich samych rzeczy potrzebuję?

NA SPRZEDAŻ – wszystko, na czym uda ci się zarobić kilka złotych. Możesz wybrać się na pchli targ albo sprzedać niepotrzebne rzeczy na internetowej aukcji. Jeśli podejrzewasz, że jakiś przedmiot może mieć sporą wartość, zasięgnij rady fachowca.

DLA POTRZEBUJĄCYCH – domy dziecka, domy dla samotnych matek, schroniska dla bezdomnych i sklepy z używanymi rzeczami chętnie przyjmą niepotrzebne ubrania, bieliznę pościelową, artykuły gospodarstwa domowego czy książki, a nawet niechciane meble. Można również skorzystać z giełdy przedmiotów używanych, a wielu odbiorców chętnie odbierze od ciebie tzw. gabaryty.

DO ODZYSKU – do ponownego przetwarzania nadają się: papier, papier pakowy, szkło, plastik, stare ubrania (które można wrzucić do pojemników PCK). Stare baterie oraz sprzęt elektroniczny należy oddać w specjalnych punktach. Resztki roślinne i domowe odpadki organiczne można przerobić na kompost.

DO KOSZA – zepsute rzeczy lub to, co sama uznasz za śmieci.

Porządkowanie i organizacja domu, pokój po pokoju

Przedpokój

Przedpokój powinien być jasny, zachęcający do wejścia oraz niezagracony. To dobre miejsce na rozpoczęcie pozbywania się rupieci, ponieważ nie powinno ci to zabrać zbyt wiele czasu, a ty i twoi goście od razu zauważycie różnicę.

Porządkowanie przedpokoju:

* Zbierz i posegreguj wszystkie rupiecie.
* Odłóż na miejsce wszystko, co powinno się znajdować gdzie indziej.

Organizacja przedpokoju:

* W pobliżu drzwi postaw pojemnik na buty i kapcie. Dzięki niemu domownicy mogą przebrać się w kapcie zaraz po wejściu do domu i zostawić buty w pojemniku. Nie chcesz przecież, by wnosili do domu brud z zewnątrz – to oznacza konieczność dodatkowego sprzątania. Wieczorem wszyscy powinni odstawić na miejsce swoje buty, jeśli nie zamierzają ich włożyć następnego dnia.
* Zamocuj kilka haczyków na okrycia wierzchnie.

Kuchnia

Porządek jest szczególnie ważny w kuchni, nie tylko po to, by ułatwić i usprawnić sobie pracę, ale również dla zachowania bezpieczeństwa i higieny. Nieporządna kuchnia to niebezpieczna kuchnia.

Porządkowanie kuchni:

* Sprzątaj tylko jedną szufladę lub szafkę na raz.
* Zacznij od szafek z żywnością. Wyrzuć wszystkie przeterminowane produkty znajdujące się w puszkach, plastikowych opakowaniach i pudełkach. Przechowuj sypkie i suche produkty w słoikach lub puszkach, a nie w oryginalnych opakowaniach.
* Jeżeli brakuje ci miejsca, możesz wynieść do garażu, piwnicy lub na strych rzadko używane duże garnki, których potrzebujesz tylko podczas świąt lub przy przygotowywaniu dużych przyjęć. Zawiń je w papier i włóż do kartonów. Nie zapomnij opisać każdego kartonu, żebyś łatwo mogła odnaleźć potrzebne rzeczy.
* Uprzątnij blaty szafek i staraj się, by było na nich zawsze jak najmniej rzeczy.
* Dużo przyjemniej gotuje się w niezagraconej kuchni. Gofrownica czy młynek do kawy, których i tak nigdy nie używasz, nie muszą przecież stać na wierzchu – schowaj je. Na blatach mogą stać jedynie małe urządzenia, których często używasz. Gdy twoja kuchnia będzie już czysta, porządna i miła dla oka, zapałasz nieposkromioną chęcią włożenia fartuszka i przyrządzenia uczty dla podniebienia.

Organizacja kuchni:

- Przechowuj rzeczy w pobliżu miejsc, gdzie ich używasz – dzięki temu naprawdę możesz zyskać na czasie. Ciężkie przedmioty powinny znajdować się w dolnych szafkach, a lżejsze i te, po które sięgasz wielokrotnie w ciągu dnia – w szafkach wiszących lub na półeczkach znajdujących się nad blatami.
- Trzymaj wszystko co potrzebne do gotowania – garnki, utensylia kuchenne i składniki – w pobliżu kuchenki.
- W małych szufladach ułóż sztućce, drobne przybory kuchenne, ściereczki, oraz nożyczki, sznurek, taśmę klejącą, itp.
- Wszelkie rzeczy przechowywane na otwartych półkach powinny się znajdować w pojemnikach lub słojach – to dobry sposób na ponowne wykorzystanie estetycznych opakowań.
- Jeżeli w kuchni jest stół, nie może on przypominać wyglądem wysypiska śmieci. Chyba nie chcesz być zmuszona do sprzątania go za każdym razem, gdy potrzebujesz chwili odpoczynku od pracy i relaksu przy filiżance kawy?

Pokój dzienny

Niech twój pokój dzienny będzie przytulny, schludny i zachęcający do odpoczynku w gronie rodziny i przyjaciół. Wyeksponuj tylko te przedmioty, które uważasz za piękne, lub te, które mają dla ciebie wartość sentymentalną. Jeśli masz dzieci, nie umieszczaj drobnych, delikatnych ozdób w zasięgu ich rączek – łatwo mogą zostać zniszczone.

Porządkowanie pokoju dziennego:

- Opróżnij szafki i regały, i pozbądź się niepotrzebnych przedmiotów. Włóż je do czterech worków na śmieci. Pozostałe rzeczy odłóż z powrotem na miejsce.
- Regał z książkami – jeśli jego zawartość jest równo ułożona i uporządkowana – poprawi wygląd pokoju. Sterty książek, gazet i ulotek reklamowych piętrzące się na półkach – wręcz przeciwnie. Oddaj lub sprzedaj książki, które już przeczytałaś lub których nie chcesz.
- Uporządkuj swoją kolekcję płyt. Jeśli nie słuchasz jakiejś płyty, nie lubisz jej, lub nawet nie pamiętasz, dlaczego w ogóle ją kupiłaś – oddaj ją do sklepu z używanymi rzeczami, na pewno komuś się przyda.

Organizacja pokoju dziennego:

- Jeżeli w pokoju dziennym zajmujesz się również swoim hobby, zainwestuj w solidne pojemniki do przechowywania niezbędnych przyborów. Estetycznie wyglądające pojemniki mogą również służyć za podręczne stoliki.
- Jeśli w pokoju dziennym znajduje się kącik do pracy z komputerem, przechowuj wszelkie papiery w estetycznych segregatorach.
- Zrób miejsce na regał na zabawki lub pojemnik na zabawki z płaską pokrywą, który może służyć dzieciom jako siedzisko. Naucz dzieci odkładać zabawki na miejsce, kiedy skończą zabawę.

Sypialnia

Sypialnia powinna być oazą relaksu i spokoju. Niezwykle łatwo zamienić ją w składzik, tyle że z łóżkiem, pod pretekstem, że to strefa prywatna nieodwiedzana przez gości.

Spróbuj znaleźć w domu inne miejsce na składowanie przedmiotów. Jeśli to niemożliwe, wykorzystaj do przechowywania komody, płaskie pojemniki, które można wsunąć pod łóżko, lub pojemniki albo wiklinowe kosze, które możesz postawić na szafie.

Nie urządzaj w sypialni biura – to nie miejsce na komputer i telewizor. Jeśli naprawdę nie masz innego wyjścia, urządź kącik do pracy zamykany w szafie.

Porządkowanie sypialni:

* Zacznij od szafy.
* Według naukowych obliczeń, nosimy 20 procent naszych ubrań przez 80 procent czasu. Dlaczego więc nasze szafy są wypełnione ciuchami, z których 80 procent nigdy nie włożymy? Wszystkie ulegamy pokusie impulsywnych zakupów, szaleństwu łowienia okazji na wyprzedażach, przechowujemy stare ubrania w nadziei, że powróci na nie moda, i nie możemy się rozstać z sukienką, którą włożyłyśmy jeden raz na specjalną okazję.
* Pora na audyt odzieżowy. W szafie powinny znajdować się ubrania tylko na bieżącą porę roku, zwłaszcza gdy brakuje ci w niej miejsca. Wyjmij wszystko, czego nie będziesz nosić w tym sezonie, i zdecyduj, co zatrzymać, a co wyrzucić. Jeśli z jakąś częścią garderoby wiążą się szczególne wspomnienia, odłóż ją na bok, a potem do pudełka z pamiątkami. Ubrania na inne pory roku przechowuj w pokoju gościnnym lub starannie złóż i trzymaj pod łóżkiem albo w pudełkach na szafie. Jestem wielką zwolenniczką przechowywania próżniowego – puchowe kurtki i grube bluzy zajmują dzięki niemu o połowę mniej miejsca. Starannie przejrzyj ubrania i upewnij się, czy któreś nie powinny trafić do pojemników PCK.
* Posprzątaj na półkach i w szufladach, i wyrzuć wszystko co zbędne.
* Zrób porządki na toaletce i pozostaw na wierzchu tylko te kosmetyki, których regularnie używasz.
* Przechowuj perfumy w ciemnym i chłodnym miejscu, ponieważ w świetle słonecznym ich zapach się ulatnia.

Organizacja sypialni:

* Przestrzeń pod łóżkiem i na szafach wykorzystaj do przechowywania bielizny pościelowej oraz niepotrzebnych przez następne pół roku ubrań. Włóż je do zamykanych pudełek lub koszyków, żeby się nie kurzyły.
* Na ścianach zamocuj półki, na których wyeksponujesz książki i fotografie.
* Łóżko powinno być głównym akcentem estetycznym pokoju i radością dla oczu. Kup najlepszą pościel, na jaką cię stać. Jeśli pościel, to tylko biała i świeżo wyprasowana. Czy kiedykolwiek widziałaś w przyzwoitym hotelu pościel w kratkę? Z pewnością nie. Kołdra o rozmiar większa od łóżka da złudzenie luksusu.

Sztuka robienia pudełka z pamiątkami

Każda z nas ma jakieś skarby z przeszłości. Zazwyczaj nie są to przedmioty cenne, ani nawet ładne, ale mimo to wyjątkowe. Rzeczy te przywołują wspomnienia ważnych wydarzeń i pięknych chwil z przeszłości. Są częścią nas i dlatego nie należy mieszać ich ze śmieciami. Musisz jednak być wybiórcza – wszystkiego nie da się zatrzymać. Wybierz najcenniejsze przedmioty i odłóż je do pudełka z pamiątkami.

Do zrobienia pudełka z pamiątkami będą ci potrzebne:

- duże pudełko na prezenty z pokrywką – można je dostać np. w stoisku z kartkami okolicznościowymi – lub duży karton oklejony ładnym papierem do pakowania prezentów,
- szeroka, dobrana kolorystycznie wstążka,
- bibuła niezawierająca chloru,
- małe ozdobne puzderko do przechowywania drobnych przedmiotów.

Wyłóż pudełko bibułą i włóż do niego wszystko, co chcesz zatrzymać. Jeśli wkładasz do pudełka jakiekolwiek fragmenty garderoby, zabezpiecz je bibułą. Drobne przedmioty włóż do ozdobnego pudełeczka, żeby się nie pogubiły.

Owiń pudełko wstążką i odstaw je w bezpieczne miejsce. Od czasu do czasu coś do niego dołożysz lub wymienisz na nową pamiątkę.

Warto zachęcić dzieci do zrobienia własnych pudełek na pamiątki. Dzięki temu zrozumieją, że nie można zachować wszystkiego, ale również to, że niektóre przedmioty można zechcieć zatrzymać na zawsze.

Jeśli nie wystarczy ci czasu teraz, podczas akcji Wielkie Odgracanie, na zrobienie pudełka na pamiątki, włóż wszystkie skarby do kartonowego pudła. Postaw je na dnie szafy i złóż sobie solenną obietnicę, że zajmiesz się nimi, kiedy tylko doprowadzisz do ładu swój zagracony dom.

Sztuka porządkowania garderoby

Jeśli zadbasz o to, żeby twoje ubrania zawsze były schludne, czyste, pocerowane i wyprasowane, nigdy więcej nie będziesz musiała w pośpiechu poszukiwać igły i nitki do przyszycia guzika, albo w ostatniej chwili wyciągać żelazka, żeby przeprasować spodnie. Ubrania możemy podzielić na dwie kategorie według sposobu ich przechowywania.

Kategoria 1: ubrania, które należy przechowywać złożone.

- Swetry, bluzki i koszulki po złożeniu umieść na półce lub w szufladzie.
- Ciężkie bluzy włóż do siatkowych woreczków do prania delikatnych ubrań, dzięki czemu łatwiej będzie je wyjąć z szafy.
- Sportowe spodnie, bojówki i dżinsy ułóż na półce lub w szufladzie.

* Długie suknie wieczorowe z dżerseju, oraz suknie bogato zdobione, powieszone na wieszaku mogłyby się zdefasonować.
* Majtki najlepiej przechowywać w szufladzie. Przewlecz pasek stanika przez nogawkę majtek i zapnij haftkę – dzięki temu obie części kompletu zawsze będą sczepione razem.
* Skarpetki dobrane w pary złóż na pół i schowaj do szuflady. Nigdy nie zwijaj skarpetek w kulkę, powoduje to rozciąganie się jednej skarpetki i osłabianie elastycznych włókien.

Kategoria 2: ubrania, które należy wieszać na wieszakach.
* Odzież wieszaj na drewnianych lub obciągniętych gąbką wieszakach, żeby nie straciła fasonu. W przepełnionej szafie ubrania łatwo się gniotą. Na wieszakach z gąbką wieszaj ubrania ze śliskich tkanin, jak jedwab i satyna, oraz z delikatnych, łatwo się mnących materiałów: aksamitu, szyfonu, tafty, itd.
* Wieszając bluzki koszulowe i koszule, zapnij guziki, żeby kołnierzyki i przody bluzek się nie pogniotły.
* Spódnice warto wieszać na specjalnych wieszakach z żabkami lub za specjalne uchwyty wszyte w pasek spódnicy.
* Spodnie z materiału wieszaj na specjalnych wieszakach do spodni, lub przewieś je przez drewniany wieszak. Pamiętaj o wyrównaniu szwów!
* Kurtki, marynarki, żakiety i płaszcze wieszaj na wyprofilowanych szerokich wieszakach, żeby zachowały fason.

Łazienka

Łazienka powinna być przytulnym miejscem, gdzie chce się spędzać czas. Czysta i uporządkowana, może stać się prawdziwym azylem dla ciebie i twojej rodziny.

Porządkowanie łazienki:
* Przejrzyj przedmioty stojące w szafkach i na półkach, i usuń wszystkie, których nie używasz. Przetrzyj z kurzu to, co chcesz zatrzymać, i odłóż z powrotem na miejsce.

Organizacja łazienki:
* Staraj się trzymać jak najmniej rzeczy w sąsiedztwie umywalki i wanny. Jeśli brakuje ci miejsca na przechowywanie utensyliów w łazience, do minimum ogranicz liczbę słoiczków i buteleczek stojących na parapecie lub brzegu wanny. Szczoteczkę i pastę do zębów trzymaj w kubku lub specjalnym stojaku, ułatwi to zachowanie czystości na umywalce i w jej pobliżu.
* W łazience niezbędny jest niewielki kosz na śmieci.
* Ręczniki rozwieś starannie na wieszakach lub, równie starannie złożone albo zwinięte, ułóż na półce.

Pokój dziecięcy

W pokoju dziecięcym zawsze brakuje miejsca na przechowywanie rzeczy, musisz więc maksymalnie wykorzystać przestrzeń. Pamiętaj tylko, by umieścić wszystkie potrzebne dzieciom rzeczy na dostępnej im wysokości, żeby nie musiały się wspinać na meble. Pomóż dzieciom stworzyć niezagraconą przestrzeń, a ułatwisz im zabawę i stworzysz miejsce sprzyjające wypoczynkowi.

Większość dzieci z przyjemnością włączy się do odgracania, ale musi ono być starannie zaplanowane. Nie ma sensu oczekiwać pomocy od dzieci, kiedy są zmęczone albo kiedy właśnie się zaczyna ich ulubiony program telewizyjny.

Pozostawione samym sobie, dzieci są prawdziwymi mistrzami tworzenia chaosu. Jeśli jednak nauczysz je, jak można organizować przestrzeń i pracę, ułatwisz im start w dorosłe życie. Wyjaśnij, dlaczego tak ważne jest utrzymywanie porządku w sypialni – dzięki temu będą mieć więcej miejsca na zabawę, łatwiej będzie im znaleźć potrzebne rzeczy, a ich zabawki unikną smutnego końca rozdeptane czyimiś stopami. Powiedz dzieciom, że zabawki, którymi już nie lubią się bawić, mogą się spodobać innemu dziecku. Wytłumacz im, na jaki cel są organizowane zbiórki rzeczy używanych, i że oddając swoje stare zabawki podczas podobnych akcji, mogą pomóc osieroconym dzieciom z biednych krajów. W moim przypadku ten argument okazał się stuprocentowo skuteczny.

Porządkowanie pokoju dziecięcego:

- Uporządkuj wnętrza szaf i szafek, pozbywając się ubrań, z których dzieci już wyrosły a także innych niepotrzebnych rzeczy.
- Wyrzuć zepsute zabawki i namów dziecko, żeby oddało te, którymi już się nie bawi, na zbiórkę rzeczy używanych lub do domu dziecka.
- Uprzątnij podłogę i odłóż zabawki do pojemników lub worków. Pokrywki pojemników powinny być lekkie, żeby dziecko nie poprzycinało sobie nimi palców.
- Zrób porządek na regałach i półkach.

Organizacja pokoju dziecięcego:

- Kiedy pokój dziecka będzie miły dla oka, dziecko chętniej zadba o porządek w nim.
- Wykorzystaj przestrzeń na szafie na przechowywanie zimowych ubrań i rzeczy, do których dziecko nie musi dosięgnąć.
- Jeśli pod łóżkiem jest wolne miejsce, warto wykorzystać je na plastikowe płaskie pojemniki na kółkach, w których można przechowywać zabawki. Dzieciom łatwiej jest korzystać z pudełek i pojemników niż z szafek i szuflad.
- Posegreguj zabawki – klocki powinny znajdować się w jednym pojemniku, gry planszowe i puzzle w drugim, pluszaki w kolejnym. Dzięki temu, dziecku będzie łatwiej znaleźć konkretną zabawkę. Jeśli masz małe dzieci, wytnij z czasopism lub katalogów zdjęcia przedstawiające zabawki i przyklej je na wierzchu każdego pudełka. Nawet bardzo małe dzieci łatwo trafią po obrazku do właściwego pudełka.

* Na ścianie warto zamocować kilka haczyków, na których można powiesić worki na lekkie zabawki. Nie musisz kupować specjalnych worków na zabawki; w tej roli świetnie sprawdzą się siatkowe woreczki do prania delikatnych części garderoby. Dzieci na pierwszy rzut oka będą widziały, co się znajduje w każdym z nich.
* Na drzwiach sypialni można umocować kolorowe wieszaki na dziecięcy szlafroczek i mały woreczek na brudną bieliznę.

Utrzymywanie zabawek w czystości

Na przedmiotach zbierają się różnorodne bakterie. Zabawki często się poniewierają po brudnej podłodze, a potem trafiają do buzi dziecka.

* Regularnie myj zabawki w wodzie z mydłem i osuszaj miękką ściereczką.
* Drewniane zabawki przecieraj wilgotną szmatką.
* Większość pluszaków można prać w pralce, ale zawsze najpierw przeczytaj instrukcję prania. Włóż je do woreczka do prania lub do zawiązanej tasiemką poszewki na poduszkę i wybierz specjalny program do prania delikatnych ubrań. Po wysuszeniu wyszczotkuj je miękką szczotką.
* Jeśli pluszaki nie nadają się do prania w pralce, wyczyść je wilgotną szmatką maczaną w wodzie z płatkami mydlanymi lub płynem do prania wełny. Wytrzyj suchą ściereczką i ewentualnie wysusz suszarką do włosów nastawioną na chłodny nawiew powietrza. Można je również odświeżyć, wkładając do plastikowej torebki z niewielką ilością sody oczyszczonej. Zawiąż torebkę i delikatnie potrząśnij. Po godzinie usuń proszek za pomocą miękkiej szczotki lub odkurzacza.

Pokój gościnny

Jeśli jesteś szczęśliwą posiadaczką zapasowego pokoju służącego jako pokój gościnny, sama możesz również z niego korzystać. Takie pomieszczenie może pełnić funkcję pokoju do pracy lub domowego biura oraz jest dodatkowym miejscem na przechowywanie rzeczy. Pamiętaj jednak, by stale utrzymywać je w ładzie, dzięki czemu nie będziesz musiała przeprowadzać gruntownych porządków z powodu wizyty gości.

Porządkowanie i organizacja pokoju gościnnego:

* Jeśli jest na to miejsce, wstaw szafę – to świetne miejsce na przechowywanie zimowej odzieży.
* Od tradycyjnego wolno stojącego biurka lepszy jest mebel robiony na zamówienie, ze znajdującymi się pod blatem szufladami, zwłaszcza jeśli zamierzasz w tym pokoju pracować lub zajmować się swoim hobby.
* Pudełka i koszyki, umieszczone tak, by nie zawadzały, to oczywiście dodatkowe miejsce do przechowywania rzeczy.

DOBRE RADY

- Prześcieradła i obrusy układaj na półkach krawędzią w miejscu złożenia do przodu – dzięki temu łatwiej wyciągniesz potrzebne.
- Składaj komplety bielizny pościelowej razem – prześcieradło, poszwę na kołdrę i poszewki na poduszki włóż do jednej z poszewek. Dzięki temu zaoszczędzisz na czasie i za jednym razem wyjmiesz komplet. Również ręczniki składaj zestawami.
- W bieliźniarce trzymaj zapas mydła – nie tylko nada zapach pościeli, ale również stwardnieje, dzięki czemu wystarczy na dłużej.

Utrzymuj porządek – Uczyń to zdanie swoim motto, a wkrótce wejdzie ci to w nawyk.

- Bałagan narasta w zastraszającym tempie, więc wszystkie rzeczy od razu odkładaj na miejsce.
- Nie zostawiaj ubrań na podłodze. Brudne ubrania od razu powinny trafić do kosza na bieliznę, a pozostałe należy zaraz po zdjęciu odwiesić do szafy.
- Zachęcaj pozostałych domowników do przyjęcia tej zasady, a prowadzenie schludnego i dobrze zorganizowanego domu stanie się proste.

Wreszcie widzisz, dokąd zmierzasz!

Kiedy doprowadzisz do końca Wielkie Odgracanie, a podłogi i inne powierzchnie nareszcie wyłonią się spod sterty zalegających na nich śmieci, przyjdzie pora na zaplanowanie taktyki utrzymania takiego stanu rzeczy.

Po zaprowadzeniu w domu porządku musisz przejąć nad nim kontrolę. Łatwo jest sobie odpuścić i wrócić do starych nawyków, a to spowoduje powrót chaosu.

LEKCJA 2

SPOSOBY NA PRZECHOWYWANIE

Jak znaleźć miejsce na wszystko

Większość ludzi jako główny problem, z jakim borykają się w domu, podaje brak miejsca na przechowywanie rzeczy. Tego nam nigdy za wiele.

Wybór jest nieograniczony: specjalne pojemniki, komody, wiklinowe kosze, rozmaite akcesoria do przechowywania ubrań, jak wiszące półki i kieszenie, oraz wiele innych. Możesz jednak dać upust kreatywności i samodzielnie stworzyć własny system przechowywania.

Zanim zdecydujesz się na zakup, zastanów się, czy dane rozwiązanie zaoszczędzi ci pracy, czy może jednak jej dołoży. Jeśli uważasz, że będzie wymagało dodatkowego zachodu – nie kupuj. Podam przykład: zamykaną szafkę na płyty CD dużo łatwiej utrzymać w czystości niż metalowy gięty stojak, ponieważ w rezultacie należy odkurzać i stojak, i każdą stojącą na nim płytę.

Jeśli do przechowywania używasz kartonów, pamiętaj, żeby każdy opisać. Sprawdzanie kolejno wielu pudeł w poszukiwaniu potrzebnej rzeczy, jest zaprzeczeniem idei przechowywania. Sprawdzają się przezroczyste pojemniki – dzięki nim można zyskać dodatkowe miejsce do przechowywania w szafach, szafkach i pokojach dziecięcych, a ich zawartość łatwo zidentyfikować.

Poszukaj w domu miejsc, które nadają się do zabudowy, jak na przykład wnęka, w którą można wstawić półki. Większe wnęki można z powodzeniem, po zamontowaniu drzwi, zamienić w składziki.

Pod schodami znajdziesz przestrzeń, którą warto wykorzystać na półki, szafki, czy małe biurko. Jedna z pań, z którą kiedyś współpracowałam, w trakcie sprzątania odkryła, że pod schodami ma praktycznie dodatkowy pokój. Po usunięciu śmieci zamieniła tę nieoczekiwanie odzyskaną przestrzeń w pokoik komputerowy dla syna. Jeśli pod schodami w twoim domu jest schowek lub otwarta przestrzeń, rozważ zamocowanie tam półek. Dużo więcej rzeczy można zmieścić na półkach niż składując pudła jedno na drugim, co również oznacza konieczność dźwigania ich, kiedy chcesz się dostać do znajdującego się na samym spodzie. Na haczykach powieszonych na wewnętrznej stronie drzwi składzika można wieszać płaszcze, albo torby, w których przechowasz zapasowe plastikowe siatki czy parasole.

Jeśli radzisz sobie z malowaniem, to używanym meblom wypatrzonym na targu staroci można nadać nowy blask za cenę puszki farby. Upewnij się jednak, czy mebel nie jest zainfekowany przez korniki, zanim wniesiesz go do domu.

Jeśli w twoim domu jest okno wykuszowe, zamontuj pod nim szeroką ławę z podnoszonym siedziskiem, którą wyłożysz miękkimi poduszkami. Zyskasz w ten sposób nie tylko pojemny schowek, ale również dodatkowe miejsce do siedzenia. W pokoju dziennym taka ława z podnoszonym siedziskiem to idealny schowek na zabawki.

Złote zasady przechowywania:

- Przechowuj przedmioty jak najbliżej miejsca, w którym są używane.
- Przedmioty o podobnym zastosowaniu przechowuj razem.
- Najłatwiej dostępne schowki przeznacz na przechowywanie rzeczy, których najczęściej używasz. Weźmy na przykład garnki i patelnie: z przodu szafki trzymaj te, których używasz codziennie, a używane rzadziej postaw w głębi.
- Aby zyskać na czasie, na każdym pudełku, puszce czy słoiku umieść informację o jego zawartości.

Strych do wykorzystania

Strych może być cenną powierzchnią do wykorzystania na przechowywanie rzeczy – jest jakby dodatkowym pokojem. Strych musi być łatwo dostępny, a poruszanie się po nim nie może stanowić zagrożenia – nie jest wygodnie balansować na belkach jak linoskoczek. A co będzie, jeśli strop nie wytrzyma i uwięźniesz w nim jak w pułapce?

Jeśli strych nie jest łatwo dostępny – niemalże tak łatwo, jak każde inne pomieszczenie w domu – prawdopodobnie i tak nie będziesz z niego korzystać, więc nawet nie bierz go pod uwagę jako potencjalnego miejsca do przechowywania. Na strych powinny prowadzić solidne składane schody, wymiary otworu w stropie winny gwarantować wygodę, podłoga musi być wykończona, a pomieszczenie posiadać oświetlenie. Dopiero tak wyposażone wnętrze może pełnić funkcję strychu z prawdziwego zdarzenia. To świetne miejsce na przechowywanie rzeczy używanych raz lub dwa razy w roku, jak wielkie walizy czy dekoracje świąteczne. Praktycznym pomysłem jest przygotowanie dla każdego domownika plastikowego pojemnika z przykrywką, opatrzonego imieniem właściciela, na rzeczy, których już nie używają, ale których nie chcą wyrzucić: zabawki, podręczniki szkolne lub narzędzia do majsterkowania.

Nie zapomnij od czasu do czasu odgracić strychu. Niech nie poniewiera się tam nic, czego nie zabrałabyś przy przeprowadzce do nowego domu.

Dodatkowe miejsca do przechowywania

Przedpokój:

Wieszaki w przedpokoju są, niestety, często traktowane przez domowników jak przedłużenie ich szaf. A przecież tylko to okrycie, które dziś włożymy, może wisieć na wierzchu i tylko ta para butów, którą zamierzamy włożyć, może stać w przedpokoju.

- Jeśli wystarczy miejsca, warto wstawić do przedpokoju wąską szafkę.
- Solidna osłonka na doniczkę świetnie się sprawdzi jako stojak na parasole.

Kuchnia:

- Na wewnętrznej stronie drzwiczek kuchennych szafek powieś uchwyty na słoiczki z przyprawami, przykrywki garnków, folię spożywczą, itd.
- Do sufitów wiszących szafek przymocuj od środka haczyki, na których powiesisz kubki.
- Kuchenkę mikrofalową można zamocować na ścianie, dzięki czemu zyskasz miejsce na blacie.
- Puszki ustaw w szafce na plastikowych piętrowych stojakach; otwierając szafkę, od razu zorientujesz się w jej zawartości.
- Weź pod uwagę montaż obrotowych półek w narożnych szafkach, żeby jak najlepiej wykorzystać trudno dostępne miejsca.
- W pobliżu zlewu przymocuj ozdobny haczyk, na który odwiesisz zegarek podczas zmywania.

Pokój dzienny:

W pokoju dziennym świetnie sprawdza się zasada „im mniej, tym lepiej", a więc zamiast wielu małych pojemników warto mieć kilka dużych. Przestronny i niezagracony pokój dzienny stwarza lepsze warunki do wypoczynku.

- Kupując stolik lub ławę, wybierz model, który można również wykorzystać do przechowywania rzeczy.
- Drewniany kufer lub puf świetnie się sprawdzą w roli stolika do kawy.
- Kredens z głębokimi szufladami i pojemnymi szafkami pomieści sztućce, zastawę stołową i obrusy.
- Aby zyskać wolne miejsce na podłodze, powieś na ścianie małe półki na książki.
- Głośniki również zamontuj na ścianie, zamiast stawiać je na podłodze. Dzięki temu pokój będzie mniej zagracony. Uwaga do mężczyzn: minęły już czasy, kiedy wielkie kolumny i wieże stereo były przedłużeniem waszej męskości. Nowoczesny sprzęt jest mały i zgrabny.
- Za pomocą samoprzylepnego rzepa przymocuj pilota do telewizora – nie będziesz musiała stale go poszukiwać. Inne rozwiązanie to mały koszyk lub niewielkie pudełko, w którym przechowasz wszystkie piloty.
- Za sofę wsuń składany stolik – będzie pod ręką, gdy zechcecie pograć w karty lub gry planszowe.
- Aktualne gazety i czasopisma trzymaj w gazetowniku, ale nie zapominaj o regularnym wyrzucaniu przeczytanych już gazet.

Łazienka:

- W łazienkach często nie wykorzystuje się powierzchni ścian, warto więc zamocować na ścianie półkę, na której ustawisz w rządku kilka koszyczków na przybory toaletowe każdego domownika.

Dobra rada Anthei

Koszyki, koszyki, koszyki...

W każdym pokoju sprawdzą się koszyki, do przechowywania różnych drobiazgów w szufladach, szafkach, na półkach, szafach, pod łóżkami. Nie muszą wcale być drogie – możesz je kupić w sklepie z używanymi rzeczami lub na pchlim targu. Łatwo też samej zrobić pudełka do przechowywania rzeczy – z kartonowych pudeł, które dostaniesz w supermarkecie, oklejonych estetycznym papierem do pakowania prezentów lub tapetą, tak by pasowały do wnętrza.

- Na wewnętrznej stronie drzwi do łazienki powieś wieszaki na szlafroki i ręczniki.
- Starannie zwinięte ręczniki trzymaj na półkach.
- Do apteczki włóż magnes, dzięki któremu małe metalowe przedmioty, jak nożyczki, pinceta i agrafki, zawsze będą pod ręką.
- Jeśli jest na to miejsce, w niewielkim drewnianym pojemniku na bieliznę zmieścisz zapas papieru toaletowego i chusteczek higienicznych. Można go również wykorzystać jako siedzisko.

Sypialnia:

- Jeśli masz miejsce w szafie, ustaw na dole rząd drewnianych pojemników bez przykrywek, otworami do przodu. Zyskasz dwa rzędy półek na buty.
- Puf lub skrzynia z podnoszonym wiekiem to dodatkowe miejsce na przechowywanie, a jeśli na wierzchu ułożysz kilka poduszek, również wygodny mebel do siedzenia.
- Kup ramę łóżka z wbudowanymi szufladami, lub osobne wsuwane szuflady pod łóżko.

Pokój dziecięcy:

- Wstaw do pokoju dziecięcego niewielki regalik na książki. Na dolnych półkach dzieci mogą ustawić książki, a na górnych – swe najcenniejsze skarby. Naucz ich być dumnymi z własnej biblioteczki.
- Wszystkie meble służące do przechowywania rzeczy w dziecięcym pokoju muszą być stabilne. Jeśli masz obawy, że któryś mebel może się przewrócić, przymocuj go do ściany.
- Jeśli w pokoju jest miejsce na stolik i krzesło, dobrze, by pod blatem stołu była szuflada na kredki, ołówki, itp.
- Wybór niedrogich i zabawnych akcesoriów do przechowywania rzeczy w dziecięcych pokojach jest praktycznie nieograniczony. Nie możesz wymagać od dzieci sprzątania po sobie, jeśli nie zapewnisz im łatwo dostępnych schowków.

LEKCJA 3

SPRZĄTANIE

Jak zabrać się do pracy

Święty Franciszek z Asyżu powiedział: „Zacznij od robienia tego, co konieczne. Potem rób to, co możliwe, i nagle okaże się, że robisz rzeczy niemożliwe". Czyżby mówił o prowadzeniu domu?

Być może sprzątanie nie należy do twoich ulubionych zajęć domowych, ale daje satysfakcję i nie musi być przykrym obowiązkiem. Jeśli będziesz przestrzegać kilku prostych zasad i ułożysz sobie plan działania zgodny z twoim stylem życia, sprzątanie okaże się proste. Jest w tym też ukryta zaleta – to świetne ćwiczenie fizyczne. Im większą masz wprawę i im lepiej jesteś zorganizowana, tym szybciej poradzisz sobie z codziennymi obowiązkami domowymi.

Podczas tej lekcji popchnę cię na właściwe tory i podzielę się z tobą mnóstwem wskazówek, jak usprawnić i ułatwić sobie pracę. Wydaje się, że lista zadań nie ma końca, ale jeśli twój dom jest już uporządkowany, większość czynności zajmie nie więcej niż dziesięć minut, a niektóre dużo krócej.

Nikt nie będzie sprawdzał, czy wnętrze komina jest wyszorowane do czysta, ani czołgał się pod łóżkiem w poszukiwaniu przeoczonej pajęczyny. Nie musisz tworzyć wnętrza sterylnego jak sala operacyjna ani wzorcowego, tylko czysty, schludny dom, który sprawnie funkcjonuje i który jest dla ciebie powodem do dumy.

Sprzątanie podziel na etapy możliwe do wykonania jednorazowo. Rzucenie się w wir sprzątania całego domu podczas weekendu przyniesie jeden skutek – będziesz wyczerpana, poirytowana i zabraknie ci sił, by wraz z rodziną oddać się rozrywkom lub pójść na zakupy, czy wypić filiżankę kawy w towarzystwie koleżanek. Jeśli pracujesz zawodowo, na wieczory nie planuj nic ciężkiego; poważniejsze zadania zostaw na ranki lub weekendy, kiedy jesteś mniej zmęczona.

Staraj się wykonywać obowiązki „hurtem" i obmyśl sposoby na ułatwienie sobie zadań. Nie wyciągaj na przykład deski do prasowania dla jednej lub dwóch sztuk odzieży; poczekaj, aż uzbiera się więcej rzeczy – ale nie cała sterta, bo trudno ci będzie się zmusić do pracy. Odkurzacz podłącz do przedłużacza, żebyś nie musiała co chwila przepinać go do innego gniazdka, a środki czyszczące noś ze sobą, żeby uniknąć ciągłego dreptania do pralni czy szafki, w której je trzymasz.

Pomijając łazienkę i kuchnię, które należy sprzątać codziennie, większość pomieszczeń w domu wymaga uwagi jedynie raz w tygodniu. W pozostałe dni na każdy pokój wystarczy ci pięć minut; tyle potrzeba na uprzątnięcie pokoju z grubsza, poprawienie dywaników i zasłon, czyli ogólnie przywrócenie ładu i porządku. Zachęcaj domowników do tego, by pokoje zostawiali w takim stanie, w jakim je zastali.

Od ciebie samej zależy, kiedy w ciągu dnia znajdziesz czas na sprzątanie.

Niektóre osoby uważają, że w ich przypadku zdaje egzamin wyznaczanie poszczególnych dni tygodnia na sprzątanie każdego pomieszczenia w domu.

Oto prosty przykładowy harmonogram:

* Poniedziałek – sypialnia.
* Wtorek – pokój dzienny.
* Środa – pokój dziecięcy.
* Czwartek – przedpokój.
* Piątek – sprawdź cały dom i zrób to, o czym wcześniej zapomniałaś.
* Sobota – dzień wolny. Choć, przepraszam, kuchnię i łazienkę i tak trzeba posprzątać.
* Niedziela – jeśli wszystko wygląda tak, jak powinno, pozwól sobie na odpoczynek w ten dzień. Zrelaksuj się i spędź go przyjemnie, zasługujesz na to.

Złota zasada Anthei
Nim zaczniesz sprzątać w którymkolwiek pokoju, najpierw go uporządkuj. Czynność ta jest dużo łatwiejsza – i zajmuje dużo mniej czasu – kiedy wszystkie rzeczy są na miejscu. Wyrób w sobie nawyk porządkowania pokoju dziennego i kuchni po kolacji, przed pójściem spać.

Jeśli w twoim wypadku nie sprawdza się harmonogram prac dzień po dniu, nic nie szkodzi. Sama sobie zaplanuj obowiązki, zadbaj tylko o to, by każde z pomieszczeń w każdym tygodniu trafiło pod twoją lupę.

Uwielbiam listy. Co tydzień sporządzam listę czekających na mnie obowiązków i działam według niej. Skreślanie z listy wykonanych zadań daje mi miłe poczucie osiągnięcia wyznaczonego celu.

Jeśli ty też lubisz listy, wystarczy niewielki kołonotatnik i ołówek. Na początku każdego tygodnia podziel kartkę na pół pionową linią. Po lewej stronie zrób listę wszystkich zadań, które cię czekają, a po prawej zostaw miejsce na notatki, przypominajki i listę zakupów.

Pamiętaj, że kluczem do sukcesu jest wyznaczanie obowiązków. Wymagaj od pozostałych członków rodziny, żeby po sobie sprzątali, i od razu odejdzie ci połowa roboty. Przecież to nie tylko twoje szpargały, więc dlaczego miałabyś samodzielnie zajmować się ich usuwaniem? Nie rozumiem, dlaczego nie można nauczyć przeciętnego siedmiolatka ścielenia łóżka, odkładania na miejsce zabawek i książek, i wkładania brudnych ubrań do kosza na bieliznę. Jednakże musisz dać mu dobry przykład. Nie możesz wymagać od dziecka, by za punkt honoru wzięło sobie utrzymanie ładu we własnym pokoju, jeśli twoja sypialnia wygląda jak po wybuchu bomby.

Większość codziennych prac porządkowych wymaga zdroworozsądkowego podejścia. Wystarczy jedynie przekroczyć próg pokoju, a od razu widać, co należy zrobić. Trzeba regularnie odkurzać wszystkie powierzchnie i przedmioty ozdobne, uporządkować pokój oraz wytrzeć, zamieść, wypolerować lub odkurzyć podłogę, w zależności od nawierzchni. Raz lub dwa razy do roku pokoje wymagają bardziej gruntownego sprzątania.

Idealna szafka ze środkami czystości

Szafka, w której przechowujesz środki czystości, ma być niczym wzorzec doskonałej organizacji – pozwoli ci to oszczędzić czas i entuzjastycznie nastawi cię do sprzątania domu.

W podstawowym zestawie znajdują się:

* odkurzacz z kompletem akcesoriów,
* wiadro z mopem,
* szorstkie zmywaki plastikowe,
* miotełka do kurzu, z prawdziwych piór lub plastikowa, na długiej rączce, do odkurzania trudno dostępnych miejsc,
* szczotka na długim kiju,
* ściereczki do kurzu,
* ścierki do podłogi,
* zmiotka i szufelka,
* gumowe rękawice,
* wiadro,
* irchowa ściereczka,
* ściereczki kuchenne,
* stare szczoteczki do zębów,
* środki czystości,
* uniwersalny środek do czyszczenia wszelkich powierzchni,
* worki na śmieci,
* tubka porządnego kremu do rąk – jesteś tego warta!

Przydatne, ale nie niezbędne:

* bawełniane waciki – świetnie czyszczą nawet najmniejsze kąciki,
* stare rajstopy – jeśli zgubisz mały przedmiot, na przykład zapięcie od kolczyka, wytnij kółko z nogawki rajstop, załóż je na rurę odkurzacza i przytrzymaj gumką. Odkurzaj miejsce, gdzie zgubiłaś poszukiwany drobiazg, a zatrzyma się on na nylonie,
* pędzel malarski – doskonale odkurza abażury od lamp,
* niewielki kwadrat wycięty ze starej wykładziny – spryskaj go oszczędnie preparatem do pielęgnacji mebli i doskonała polerka do butów gotowa,
* stare skarpetki – najlepsze do ścierania kurzu!

Przydadzą ci się również:

* żarówki,
* worki do odkurzacza,
* deska do prasowania,
* żelazko,
* bezpieczniki,
* baterie,
* latarka.

Spraw sobie łatwy do przenoszenia plastikowy pojemnik z rączką, na narzędzia, lub koszyk, a zawsze będziesz miała pod ręką akcesoria do sprzątania.

Zestaw do sprzątania przyjazny środowisku

Szafka ze środkami czystości nie musi być wypełniona do granic możliwości wszelkimi istniejącymi środkami, by dom był czysty. Wiele tradycyjnych metod babuni sprawdza się równie dobrze, a przy okazji unikniesz stosowania paskudnych chemikaliów. Kiedy tylko możesz, korzystaj z przyjaznych środowisku środków czyszczących – są tańsze i zdrowsze dla ciebie i twojej rodziny. Naprawdę świetne rezultaty może dać zastosowanie wilgotnej i suchej ściereczki oraz tego, co nic nie kosztuje – ciężkiej pracy.

Prawdopodobnie część z wymienionych niżej produktów znajdziesz w kuchni, musisz się tylko nauczyć jak wykorzystać ich czyszczącą moc.

Oto moja osobista lista przebojów:

1 Ocet spirytusowy

To prawdopodobnie najbardziej uniwersalny pomocnik pani domu. Lekko kwaśny, służy do usuwania tłuszczu, jako wybielacz, środek dezynfekujący, a także powstrzymuje rozwój pleśni. Świetnie usuwa plamy i przykre zapachy.

2 Cytryny

Cytryny oraz promienie słoneczne są naturalnymi wybielaczami. Cytryny mają mnóstwo zastosowań, a jeśli sok cytrynowy zmieszasz z solą lub sodą oczyszczoną, jego siła czyszcząca będzie jeszcze większa. Sok cytrynowy jest lekko kwaśny i doskonale usuwa plamy i tłuszcz.

3 Sól

Sól posiada właściwości ścierne i może być używana – sama lub zmieszana z sokiem z cytryny – do wielu zadań czyszczących. Ma właściwości antyseptyczne i dezynfekujące.

4 Soda oczyszczona (wodorowęglan sodu)

Posiada właściwości ścierne i czyszczące, świetnie usuwa plamy i przykre zapachy. Zmieszana z octem spirytusowym jest wspaniałym środkiem do czyszczenia ceramiki łazienkowej.

5 Boraks

Boraks występuje w przyrodzie jako alkaliczna sól mineralna, boraks rodzimy. Rozpuszczony w wodzie zmiękcza ją, ma również właściwości dezynfekujące. Jest używany do usuwania plam. (Mimo że boraks jest substancją naturalną, jest trujący, należy więc zachować szczególną ostrożność, jeśli w pobliżu znajdują się dzieci lub zwierzęta domowe, i zawsze wkładać gumowe rękawice do pracy, by nie podrażnić skóry. Nie używaj kwasu bornego zamiast boraksu – to zupełnie inna substancja).

6 Mydło naturalne

Nie zawiera tłuszczów zwierzęcych oraz dodatków syntetycznych. Często jest produkowane na bazie oliwy z oliwek lub oleju kokosowego. Możesz kupić gotowe płatki mydlane lub samodzielnie zetrzeć kostkę mydła naturalnego. Płatków mydlanych używa się do prania ręcznego delikatnych ubrań, a roztworu mydlanego do czyszczenia.

7 Wodorotlenek sodu (soda kaustyczna)

Świetnie usuwa złogi z mydła i tłuszczu w otworach odpływowych zlewu, umywalki, wanny i kabiny prysznicowej oraz udrażnia rury kanalizacyjne.

8 Wodorowinian potasu (winny kamień, tartarus)

Jest to lekko kwaśna substancja, która świetnie usuwa plamy z rdzy oraz doskonale czyści zabrudzone kołnierzyki. Wodorowinian potasu wraz z sodą oczyszczoną są składnikami proszku do pieczenia.

9 Gliceryna

Jeśli samodzielnie przyrządzasz w domu słodycze, to być może masz butelkę gliceryny w kredensie. Ta kleista ciecz pomaga usunąć wiele rodzajów plam.

10 Naturalne olejki zapachowe (eukaliptusowy, lawendowy, cytrynowy)

Olejki zapachowe, oczywiście oprócz apetycznego zapachu, posiadają inne ważne właściwości. Eukaliptusowy ma działanie przeciwbakteryjne, a cytrynowy i lawendowy – przeciwbakteryjne i przeciwgrzybiczne. Inne olejki, które warto wykorzystać w domu, to: różany, cytronelowy (z palczatki cytrynowej, inaczej zwanej trawą cytrynową, *lemongrass*), z drzewa herbacianego i pomarańczowy. Naturalne olejki mają niezwykle silny zapach, wystarczy więc użyć kilku kropli. Należy je trzymać poza zasięgiem dzieci.

Babcine mądrości

Wypróbuj poniższe sposoby:

* Do 300 ml ciepłej wody dodaj łyżeczkę sody oczyszczonej; roztwór służy do mycia lodówki w środku i neutralizowania zapachów.
* Łyżeczką boraksu rozpuszczoną w 300 ml wody umyjesz wannę, umywalkę i kafelki – świetnie rozpuszcza tłuszcz.
* Przekrojona na pół cytryna doskonale usuwa kamień z wanny i umywalki.
* Przekrojoną na pół cytryną, umoczoną w soli, wyczyścisz deskę do krojenia; w ten sposób również usuniesz z niej zapachy.
* Nierozcieńczony ocet usuwa osad z kamienia i ma działanie lekko dezynfekujące.
* Mięta odstrasza mrówki, więc posadź ją pod oknami kuchni i przy drzwiach wejściowych.
* Z jednej części soku z cytryny i jednej części proszku do pieczenia sporządzisz pastę, która usunie czarne plamy z pleśni. Nanieś równomiernie pastę na plamy, pozostaw na dwie godziny i obficie spłucz. Pasta zawdzięcza swoje silne właściwości czyszczące mieszance kwaśnego soku z cytryny z proszkiem do pieczenia, który ma odczyn zasadowy.
* Aby nadać połysk armaturze wykonanej ze stali chromowej, wyczyść ją sokiem z cytryny, spłucz ciepłą wodą i wypoleruj miękką ściereczką. Ten sposób nie nadaje się do czyszczenia armatury chromowanej.
* Do spryskiwacza do kwiatów wlej pół litra wody z dodatkiem czterech łyżek octu i dwóch łyżek soku z cytryny. Używaj do mycia okien: nanieś niewielką ilość mieszanki na zgniecioną gazetę, a mycie okien stanie się banalnie proste.
* Aby usunąć kuchenne zapachy z kuchni, zagotuj w rondelku niewielką ilość wody z laską cynamonu (lub łyżeczką sproszkowanego cynamonu).

Uniwersalny środek czyszczący Anthei

To świetny środek do czyszczenia wszystkich powierzchni. Używam go nieustannie.

2 łyżki octu spirytusowego,
2 łyżeczki boraksu,
2 szklanki wody,
po 3 krople olejku lawendowego i olejku z drzewa herbacianego.

Przelej mieszankę do spryskiwacza do kwiatów i ruszaj do pracy!

LEKCJA 4
SPRZĄTANIE POKÓJ PO POKOJU
Przedpokój i kuchnia

Sprzątanie przedpokoju

Przedpokój jest bramą do twojego domu. Powinno być to jasne, niezagracone, zachęcające do wejścia pomieszczenie, a nie tor przeszkód złożony z butów, ubrań, zabawek i ulotek reklamowych, który musi pokonać każdy, kto odważy się przekroczyć próg domostwa.

Jeśli nie masz podręcznej szafki, gdzie trzymasz płaszcze, kalosze i parasole, kup estetyczne pojemniki, w które je włożysz, i rozmieść na ścianie haczyki na okrycia wierzchnie. Jeśli buty przechowujesz w pudełkach, upewnij się, że są w nich otwory wentylacyjne umożliwiające cyrkulację powietrza. Mokre buty należy przed odstawieniem wysuszyć.

Jeśli jesteś szczęśliwą posiadaczką schowka pod schodami, nie zapomnij wyjaśnić rodzinie, że nie wolno po prostu otwierać drzwi i byle jak upychać w środku butów i kurtek. Schowek należy utrzymywać w porządku, żeby zawsze można było łatwo i szybko znaleźć potrzebne rzeczy. W przedpokoju lub schowku trzymajcie tylko często noszone okrycia – to nie miejsce na całą zimową garderobę!

Codziennie:
- Odłóż wszystkie rzeczy, które wywędrowały ze swojego miejsca.
- Sprawdź, czy kwiaty w bukietach są świeże, i usuń te, które zwiędły. Dolej wody do wazonów.

Przynajmniej raz w tygodniu:
- Wytrzyj kurz ze wszystkich powierzchni.
- Odkurz, zamieć, wypoleruj lub zmyj podłogę, w zależności od nawierzchni.
- Podlej kwiaty w doniczkach i usuń zeschnięte liście.

W zależności od potrzeby:
- Wytrzyj lepkie odciski palców i inne ślady z wewnętrznej strony drzwi wejściowych i z kontaktów, używając w tym celu roztworu płynu do naczyń.
- Zmyj zewnętrzną stronę drzwi wejściowych i wyczyść elementy mosiężne za pomocą specjalnego środka czyszczącego do mosiądzu. Elementy chromowe można wytrzeć wilgotną ściereczką i wypolerować.

Sztuka czyszczenia schodów

Schody są centralnym punktem każdego domu, konieczne jest więc, by były czyste i porządne. Zalegające na schodach rupiecie są nie tylko nieestetyczne, ale również stanowią zagrożenie.

Jak czyścić schody:

- Zacznij u szczytu schodów i posuwaj się w dół, tak żeby brud wraz z tobą schodził coraz niżej.
- Odkurz najpierw część pionową, potem poziomą, a na koniec boki każdego stopnia. W ten sposób, stopień po stopniu, dotrzesz do podnóża schodów.
- Skorzystaj z dodatkowych szczotek i ssawek do odkurzacza, by dotrzeć do najciaśniejszych zakamarków.
- Jeśli rura od odkurzacza jest zbyt krótka, zamieć schody twardą szczotką, a zamieciony kurz wciągnij do odkurzacza na dole schodów.
- Pokryte farbą elementy schodów wyczyść ściereczką zwilżoną w roztworze octu i wody.
- Wytrzyj balustrady z kurzu i, jeśli są drewniane, wypoleruj je.
- Jeśli tralki umieszczone są zbyt blisko, byś mogła wygodnie sięgnąć pomiędzy nie dłonią, owiń ściereczkę wokół linijki, spryskaj środkiem do pielęgnacji drewna i poruszając nią w górę i w dół tralek, wyczyść je. Nie do zastąpienia przy czyszczeniu tralek jest włożona na rękę stara skarpetka.
- Odkurzaj schody przynajmniej co trzy dni.

Dobra rada Anthei

Rozbite szkło

Oto łatwy sposób na sprzątnięcie rozbitego szkła z twardej posadzki.

1. **Pozbieraj większe fragmenty szkła.**
2. **Zamieć posadzkę, używając zmiotki i szufelki.**
3. **Weź kromkę chleba i delikatnie przyciskając ją do podłogi, zbierz najdrobniejsze odłamki szkła.**

DOBRE RADY

- Do worka odkurzacza włóż laskę cynamonu, a podczas odkurzania dom wypełni się świeżym zapachem.
- Postaraj się wyrobić u wszystkich domowników zwyczaj zmieniania obuwia bezpośrednio po wejściu do domu, żeby nie wnosili błota i brudu z zewnątrz.

Sprzątanie kuchni

Kuchnię należy sprzątać codziennie. Po pierwsze, mniej stresująca jest praca w schludnej, niezagraconej i czystej kuchni. Po drugie, zachowanie czystości jest niezbędne w celu uniknięcia ryzyka zatruć pokarmowych. Nie można wyeliminować z domu wszystkich zarazków, ale dokładnie sprzątając i przykładając wagę do bezpieczeństwa przechowywania i przygotowywania potraw, można zapanować nad bakteriami.

Kuchnię łatwo zamienić w wysypisko butów, ubrań, zabawek, torebek, książek, itp., bo każdy przez nią przechodzi. Nie pozwól, żeby tak się stało w twojej kuchni. Poproś domowników o odnoszenie na miejsce swoich rzeczy, kiedy tylko zauważysz w kuchni coś, co nie powinno się w niej znajdować. Im szybciej wszystkim wejdzie w krew poczucie odpowiedzialności za swoje rzeczy, tym łatwiejsze będzie twoje życie.

Wszystkie używane w kuchni przedmioty powinny leżeć w wygodnym miejscu i wszystko powinno trafiać na własne miejsce bezpośrednio po skończeniu gotowania – przestrzeń robocza będzie od razu dostępna do przygotowywania następnego posiłku. Nie ma nic gorszego od konieczności odgruzowywania przez dziesięć minut kawałka blatu, jeśli chcesz pokroić pomidor.

Kuchenne kosze na śmieci

Śmierdzące kosze na śmieci są siedliskiem milionów bakterii. Kuchenny kosz musi mieć pokrywę i musi być utrzymywany w nieskazitelnej czystości. Powinien być opróżniany codziennie, zwłaszcza jeśli są w nim resztki mięsa czy ryb. Jeżeli to niewykonalne, wyrzucaj śmieci tak często jak to możliwe. Nie czekaj, aż będzie przepełniony.

Każdego dnia wycieraj pokrywkę kosza i kosz wokół.

Zawsze używaj worków na śmieci, a raz w tygodniu umyj i zdezynfekuj cały kosz, z zewnątrz i od środka, i osusz go, używając papierowych ręczników..

Codziennie:

* Przetrzyj wszystkie powierzchnie blatów przed gotowaniem i po jego skończeniu – to naprawdę nie zabierze więcej niż minutę.
* Uprzątnij kuchnię i odstaw wszystkie rzeczy, które nie stoją na swoim miejscu.
* Wyczyść zlew gorącą wodą i proszkiem do czyszczenia, przetrzyj baterię i suszarkę na naczynia antybakteryjnym środkiem czyszczącym.
* Wyrób w sobie nawyk przecierania urządzeń kuchennych po każdym użyciu – nie tylko przeszkodzisz rozmnażaniu się bakterii, ale również przedłużysz żywotność sprzętów kuchennych.

Przynajmniej dwa razy w tygodniu:

* Zamieć albo odkurz podłogę, by usunąć wszystkie resztki, które na nią spadły.
* Umyj podłogę mopem maczanym w wodzie z octem.
* Usuń z lodówki wszystkie resztki jedzenia, zwłaszcza te przeterminowane.

Raz w tygodniu:

* Umyj lodówkę wodą z octem, wypłucz i wytrzyj do sucha – najlepiej robić to przed cotygodniowymi zakupami, ponieważ przy okazji możesz sprawdzić, czego brakuje w lodówce.
* Umyj kuchenkę uniwersalnym preparatem do czyszczenia.
* Do otworu zlewu wsyp trochę wodorotlenku sodu („Kret") i zalej sporą ilością wrzątku – usuniesz w ten sposób przykre zapachy i oczyścisz rury z tłustych osadów.
* Umyj i zdezynfekuj kosz na śmieci.

Kuchenne rady

- Przestrzeń pomiędzy wiszącymi szafkami i sufitem to siedlisko tłustego kurzu. Rozwiąż ten problem, przycinając na wymiar gazety i układając je na górze szafek. Co miesiąc zwiń papier i zastąp go świeżymi gazetami, a nie będziesz musiała tracić czasu na pracochłonne usuwanie tłustego kurzu.
- Zawsze miej pod ręką spryskiwacz z wodą z octem, żeby od razu móc wytrzeć wszystko, co się rozleje podczas gotowania.
- Kilka kropli oliwki dla niemowląt naniesionych za pomocą miękkiej szmatki nada połysk urządzeniom ze stali nierdzewnej.
- Aby odstraszyć muchy, umieść na parapecie kuchennego okna słoiczek z wacikami spryskanymi kilkoma kroplami olejku lawendowego.
- Świeża bazylia i mięta w doniczkach ustawionych na parapecie kuchennym również odstraszą muchy.
- Jeśli coś się rozleje w kuchence mikrofalowej, od razu wycieraj.

EKOLOGICZNE WSKAZÓWKI

Dbaj o środowisko – wykorzystuj powtórnie jak najwięcej kuchennych resztek organicznych.

- Załóż pryzmę kompostową lub kompostownik, gdzie na nawóz przerobisz resztki warzyw używanych w kuchni – pamiętaj, by nie wyrzucać tam mięsa ani resztek gotowanych potraw.
- Puszki, szkło oraz szmaty oddawaj do powtórnej utylizacji. Dowiedz się w urzędzie gminy, gdzie w twojej okolicy znajdują się pojemniki na posegregowane śmieci, możesz również poszukać firm zajmujących się odzyskiem i użyciem wtórnym tekstyliów. Stare ubrania możesz włożyć do pojemników PCK.
- Plastikowe reklamówki z supermarketów wykorzystaj ponownie jako worki na śmieci.
- Gazety i czasopisma oddawaj na makulaturę.

Sztuka mycia podłogi

Mycie podłóg w domu jest pracą, którą trzeba wykonywać koniecznie, warto więc zaopatrzyć się w odpowiednie sprzęty. Nie wolno zapominać o kątach i miejscach wzdłuż ścian, gdzie zbiera się kurz i tłuszcz.

Panele laminowane lakierowane:

Podłogi z laminatu odkurza się odkurzaczem i czyści wilgotnym mopem. Nie należy używać mokrego mopa do czyszczenia olejowanych lub woskowanych podłóg z paneli, ponieważ wilgoć może przedostać się przez łączenia i uszkodzić panele. Ciemne ślady po butach można usunąć gumką do ołówka.

Podłoga winylowa (PCV) oraz linoleum:
Należy usunąć kurz za pomocą szczotki do podłogi, a następnie zmyć podłogę mopem zamoczonym w ciepłej wodzie z dodatkiem detergentu i spłukać czystą wodą. Do pastowania nie należy używać pasty na bazie rozpuszczalnika, ponieważ może uszkodzić nawierzchnię. Do podłóg z linoleum można używać pasty na bazie wosku. Ślady po butach na podłogach winylowych oraz linoleum usunie szmatka nasączona czystym alkoholem.

Drewno:
Kurz i brud z podłóg z drewna olejowanego usuwa się za pomocą szczotki na kiju. Nie należy myć ich na mokro, ponieważ woda wsiąka w drewno. Podłogi lakierowane można umyć mopem maczanym w wodzie i dobrze wyciśniętym. Do polerowania stosujemy pastę do drewna lub specjalny wosk. Ślady po butach usuniemy szmatką zwilżoną czystym alkoholem.

Terakota glazurowana:
Posadzkę z terakoty należy zamieść i umyć na mokro roztworem płynu do mycia naczyń, po czym spłukać czystą wodą i wypolerować irchową ściereczką.

Mycie podłogi na mokro na dwa wiadra:
W jednym wiadrze przygotuj roztwór detergentu w gorącej wodzie, a w drugim czystą gorącą wodę.

Zanurz mop w roztworze detergentu i umyj fragment podłogi. Wypłucz mop w wiadrze z czystą wodą i dobrze wyciśnij. Ponownie zanurz w wodzie ze środkiem czyszczącym i umyj kolejny fragment posadzki. Obie czynności powtarzaj na przemian, aż umyjesz całą podłogę. Pamiętaj, by zmieniać wodę w wiadrze do płukania, kiedy się zabrudzi.

Po umyciu całej posadzki, na suchego mopa nałóż ścierkę do podłogi lub stary T-shirt i przetrzyj podłogę do sucha.

Sztuka czyszczenia kuchenki

Czyszczenie kuchenki i piekarnika to nic trudnego – pod warunkiem, że robisz to regularnie. Jeśli dopuścisz do tego, by kuchenka obrosła resztkami jedzenia i rozlanymi w trakcie gotowania potrawami, jej czyszczenie stanie się zadaniem trudnym i niewdzięcznym. Na brudnej kuchence świetnie namnażają się bakterie i zanim się obejrzysz, zgotujesz sobie zatrucie pokarmowe.

Jeśli na bieżąco myjesz kuchenkę, nie będziesz musiała używać silnie działających, naszpikowanych chemią produktów, które bywają silnie toksyczne i mogą podrażnić oczy, skórę oraz drogi oddechowe.

Wytrzyj płytę kuchenki i piekarnik bezpośrednio po zakończeniu gotowania, ponieważ łatwiej jest usunąć rozlane resztki żywności z ciepłych powierzchni.

Do czyszczenia piekarnika używaj ściereczki zamoczonej w roztworze octu i gorącej wody. Spłucz ściereczką zamoczoną w czystej gorącej wodzie.

Jeśli masz kuchnię z płytą witroceramiczną lub z grzałką halogenową, postępuj zgodnie z instrukcją użycia. Jeśli coś rozlejesz na płytę, bezzwłocznie wytrzyj, żeby uchronić jej powierzchnię przed zniszczeniem.

Jeśli na dnie piekarnika zalegają przypalone resztki jedzenia, posyp je cienką warstwą sody oczyszczonej i zwilż wodą ze spryskiwacza. Pozostaw na dwie godziny, a potem wyczyść piekarnik. Powtórz tyle razy, ile będzie trzeba, żeby przywrócić blask piekarnikowi.

Nie zapomnij regularnie czyścić z zewnątrz i od środka okapu kuchennego, żeby zapobiec nawarstwianiu się tłuszczu. Jeśli masz wymienny filtr węglowy, wymieniaj go co dwa miesiące, inaczej nasiąknie tłuszczem i przestanie być skuteczny.

Ruszt do pieczenia myj od razu po każdym użyciu.

Emaliowane kratki, na których stawia się garnki na kuchenkach gazowych, oraz blachy piekarnika możesz umyć w zmywarce do naczyń lub gorącą wodą z proszkiem do prania.

Czyszczenie kuchenki mikrofalowej

Kuchenkę mikrofalową należy czyścić regularnie, żeby nie zbierały się w niej resztki jedzenia. Zanim przystąpisz do czyszczenia, postaw na talerzu obrotowym miskę wody z kilkoma cząstkami cytryny i nastaw kuchenkę na najwyższą moc na cztery minuty. Powstała w ten sposób para rozluźni zapieczone resztki jedzenia i odświeży wnętrze kuchenki. Usuń cząstki cytryny, a gorącej wody, w której je podgrzałaś, użyj do wyczyszczenia wnętrza kuchenki. Spłucz czystą gorącą wodą. Talerz obrotowy umyj płynem do mycia naczyń. Za pomocą małej szczotki nałożonej na rurę odkurzacza wyczyść wyloty wentylatorów.

Żeby ograniczyć ilość resztek pokarmów, pojemniki z jedzeniem zawsze stawiaj na dodatkowym talerzu – jeśli cokolwiek się rozleje lub wykipi, wystarczy go umyć, a obrotowy talerz mikrofalówki pozostanie czysty. Nigdy nie używaj plastiku w mikrofali – podczas podgrzewania potraw trafiają z niego do jedzenia czterdzieści cztery różne substancje chemiczne. Jeśli podgrzewasz coś, co może zachlapać wnętrze kuchenki podczas podgrzewania, na przykład fasolkę w sosie, przykryj talerzem miskę, w której znajduje się potrawa.

DOBRE RADY

- Cudowny środek do czyszczenia piekarnika uzyskasz, mieszając ½ szklanki soli, ¼ szklanki boraksu i ½ szklanki sody oczyszczonej z ciepłą wodą. Wyczyść wnętrze piekarnika powstałym roztworem i spłucz do czysta ciepłą wodą.
- Jeśli podczas gotowania potrawa wykipi na płytę kuchenki, zasyp ją solą, żeby się nie przypaliła. Podobnie możesz postąpić, jeśli coś wykipi w piekarniku.

* Żeby ułatwić sobie czyszczenie piekarnika po użyciu opiekacza, wyłóż blachę folią aluminiową i postaw na niej ruszt do pieczenia. Nie kładź folii na samym ruszcie, ponieważ ten sposób pieczenia potraw pozwala na wytopienie się tłuszczu z mięsa. Zmieniaj folię za każdym razem, kiedy używasz opiekacza – tłuszcz, który się na niej zbiera, łatwo może się zapalić.

Jak dbać o zmywarkę do naczyń

Zmywarka do naczyń jest najlepszym przyjacielem pani domu, dbaj więc o nią, żeby ci jak najlepiej służyła przez lata.

Zawsze używaj odpowiedniego detergentu (jeśli możesz – organicznego) w zalecanych przez producenta ilościach – naczynia nie będą dwa razy czyściejsze, jeśli użyjesz podwójnej ilości środka myjącego.

Regularnie wycieraj zewnętrzną stronę zmywarki oraz wewnętrzną stronę jej drzwi uniwersalnym środkiem czyszczącym (mój środek czyszczący ze strony 29 świetnie się do tego nadaje). Od czasu do czasu nastaw pustą zmywarkę, umieszczając w środku specjalny preparat do czyszczenia wnętrza zmywarki (lub wlewając pół szklanki octu), żeby usunąć tłuste resztki i przywrócić jej blask.

Sztuka czyszczenia lodówki i zamrażarki

Lodówka powinna być idealnie czysta, żeby zapobiegać rozwojowi pleśni i bakterii. Chciałabym też dodać, że nie znoszę magnesów na lodówkę – są kiczowate i utrudniają czyszczenie.

Czyszczenie lodówki:

Wnętrze lodówki należy regularnie przecierać ściereczką zamoczoną w ciepłym roztworze sody oczyszczonej – płyn do naczyń pozostawia zapach, którym mogą przesiąknąć produkty.

Przynajmniej dwa razy w miesiącu wyjmij wszystko z lodówki – również półki – i dokładnie umyj ją w środku ciepłą wodą z sodą oczyszczoną. Szczególnie dokładnie wyczyść rowki, na których leżą półki. Sprawdź, czy otwór odpływowy nie jest zapchany resztkami żywności. Wilgotną ściereczką przetrzyj uszczelki.

Czyszczenie zamrażarki:

Zamrażarkę należy rozmrażać, zanim narosły lód uniemożliwi zamknięcie jej drzwi.

* Wyjmij całą żywność i przełóż ją do przenośnej lodówki turystycznej, lub poproś sąsiadów o użyczenie ci trochę miejsca w ich zamrażarce na kilka godzin.
* Wyłącz zamrażarkę.
* Umieść duży złożony ręcznik na dnie zamrażarki – będzie w niego wsiąkała woda. Wyżymaj go, kiedy będzie mokry. Drugi złożony ręcznik połóż na podłodze przed zamrażarką – dodatkowo zabezpieczy podłogę przed wyciekającą wodą.
* Jeśli zależy ci na czasie, możesz przyspieszyć rozmrażanie zamrażarki, kładąc na jej półkach ręczniki, na których postawisz miski z gorącą wodą. Wymieniaj wodę, kiedy ostygnie.
* Umyj szuflady zamrażarki ciepłą wodą i osusz.
* Kiedy zamrażarka będzie całkowicie rozmrożona, wytrzyj półki i ścianki roztworem sody oczyszczonej i wody. Dokładnie osusz. Włącz zamrażarkę i pozwól jej się schładzać przez godzinę, zanim z powrotem włożysz żywność. Zapobiegnie to przywieraniu torebek z zamrożoną żywnością do ścianek albo szuflad zamrażarki.

Co zrobić, jeśli zepsuje się zamrażarka lub kiedy nie ma prądu

* Zanim wezwiesz elektryka, sprawdź wtyczkę, kabel i bezpiecznik.
* Nie otwieraj drzwi zamrażarki. Jeśli jest pełna, jej zawartość nie powinna się rozmrozić przed upływem przynajmniej dwunastu godzin.
* Jeśli rozwiązanie problemu nie nastąpi przed upływem dwunastu godzin, poproś sąsiadów, żeby pozwolili ci skorzystać z ich zamrażarki, dopóki nie naprawisz swojej.
* Jak najszybciej wykorzystaj rozmrożoną żywność. Nigdy ponownie nie zamrażaj jedzenia, które rozmarzło podczas przerwy w dostawie prądu – to najkrótsza droga do zatrucia pokarmowego.

Sztuka czyszczenia drobnych sprzętów kuchennych

Drobny sprzęt AGD, jak tostery, miksery i roboty kuchenne, będzie ci służył dłużej i prezentował się efektowniej, jeśli będziesz go regularnie czyścić.

Tostery:

Co dwa tygodnie wytrząśnij z tostera okruchy i wytrzyj go z zewnątrz wilgotną ściereczką, żeby usunąć wszelkie ślady i plamy.

Opiekacze do kanapek:

Bezpośrednio po przygotowaniu kanapek usuń resztki jedzenia z tostera – urządzenie wyczyścisz łatwiej, dopóki jest jeszcze ciepłe. Nie używaj szorstkich zmywaków do czyszczenia nieprzywierających powierzchni. Zewnętrzną stronę opiekacza wyczyść wilgotną ściereczką.

Miksery i blendery:

Umyj misę lub pojemnik, końcówki i ostrza bezpośrednio po zakończeniu pracy. Dokładnie je osusz i złóż urządzenie. Usuń kurz oraz brud z zewnętrznej strony miksera wilgotną ściereczką.

Czajniki elektryczne:

Podczas pracy czajniki rozgrzewają się, a ciepło przyciąga kurz, więc często wycieraj czajnik wilgotną ściereczką. Żeby usunąć kamień z czajnika, nalej do niego wodę z octem w proporcjach 1:1 w takiej ilości, żeby przykryć grzałkę. Zagotuj i zostaw na noc. Być może trzeba będzie powtarzać tę czynność do skutku. Przed użyciem dokładnie wypłucz czajnik.

Zmywanie naczyń

Jeśli nie masz zmywarki do naczyń, zmywaj naczynia ręcznie w gorącej wodzie z niewielką ilością płynu do mycia naczyń. Nie potrzebujesz go wiele – nie przygotowujesz przecież w zlewie kąpieli z pianą. Nie zapomnij o rękawicach gumowych, żeby nie zniszczyć rąk.

Zmywaj naczynia w tej kolejności:

1 szklanki – płucz je w zimnej, NIE gorącej wodzie, przed odstawieniem na suszarkę; w przeciwnym razie mogą popękać,
2 porcelana,
3 sztućce,
4 garnki i patelnie.

Wymieniaj wodę, w której zmywasz, kiedy tylko się zatłuści. Nie ulegaj pokusie zostawienia naczyń do namoczenia przez cały dzień, żeby hurtem umyć je wieczorem. Po pierwsze, taka sterta naczyń wypełniająca zlew zniechęca do pracy, a po drugie, stwarza świetne warunki do rozwoju bakterii.

Dobra rada Anthei

Żeby zapobiec zarysowaniu lub wyszczerbieniu najlepszej zastawy, ustawiając talerze jeden na drugim, umieść pomiędzy nimi papierowe talerze jednorazowe.

DOBRE RADY

- Kiedy myjesz delikatne lub kryształowe kieliszki, połóż na dnie zlewozmywaka złożoną ściereczkę kuchenną, żeby ochronić je przed stłuczeniem, zwłaszcza jeśli masz zlew ze stali nierdzewnej lub ceramiczny.
- Sztućce z trzonkami z kości, drewna, porcelany lub plastiku nie powinny się długo moczyć w gorącej wodzie.
- Jeśli przypalisz garnek, nalej do niego wody z proszkiem do prania ulegającym biodegradacji. Mocz go przez kilka godzin, następnie zagotuj roztwór i usuń przypalone jedzenie. Być może będziesz musiała te czynności powtórzyć.
- Zanim umyjesz deskę do krojenia, przetrzyj ją cytryną, żeby zneutralizować zapach potraw.
- Ostrych noży kuchennych nie wkładaj do zlewu z resztą sztućców, ponieważ łatwo się nimi skaleczyć. Zmywaj je, trzymając w ręku.
- Jeśli nie możesz wyjąć jednej szklanki z drugiej, łatwo je rozdzielisz, wstawiając dolną szklankę do gorącej (nie wrzącej) wody, a górną napełniając zimną wodą.
- Osad z twardej wody na szklanych wazonach i dzbankach usuniesz, napełniając je octem i wodą, zmieszanymi w równych proporcjach. Zostaw na kilka godzin i umyj ciepłą wodą z mydłem.

LEKCJA 5
SPRZĄTANIE POKÓJ PO POKOJU 2
Pokój dzienny, łazienka, sypialnie i domowe biuro

Pokój dzienny

Pokój dzienny to centrum życia rodzinnego, miejsce, gdzie dzieci bawią się i oglądają telewizję, a dorośli rozmawiają, odpoczywają i przyjmują znajomych.

Salon powinien być czysty, porządny, niezagracony i odzwierciedlać twój styl życia.

Podobnie jak kuchnia i łazienka, stwarza doskonałe warunki do rozwoju zarazków, ale dodatkowo jest świetnym schronieniem dla roztoczy, które zamieszkują meble tapicerowane.

Każdego wieczoru, przed pójściem spać, poświęć pięć minut na uprzątnięcie stolika do kawy, odłożenie książek na półki, odniesienie kieliszków i kubków do kuchni i przetrzepanie poduszek.

Są trzy obszary, które wymagają szczególnej uwagi:

Dywany:
- Co trzy dni odkurz dywan lub wykładzinę (częściej, jeśli mieszkają z tobą zwierzęta).
- Przynajmniej dwa razy w roku dywan należy porządnie wyprać. Dobrym rozwiązaniem jest zatrudnienie do tego zadania firmy czyszczącej dywany – koszt niewielki, a ty sama nie stracisz sił ani czasu.

Powierzchnie mebli:
- Usuń kurz ze wszystkich powierzchni i wypoleruj je. Jeśli używasz wilgotnej ściereczki do kurzu, za jednym zamachem zbierzesz kurz i zetrzesz lepkie ślady palców i plamy.

Tapicerka:
- Raz w miesiącu wyczyść z kurzu meble tapicerowane odkurzaczem.
- W razie potrzeby wyczyść tapicerkę na mokro – raz na rok zazwyczaj wystarcza, ale jeśli masz w domu zwierzęta, musisz prać tapicerkę częściej.
- Zawsze stosuj się do instrukcji prania umieszczonych na wszywce, nim zabierzesz się do prania tapicerki.

Sztuka odkurzania

Odkurzacz jest jednym z najcenniejszych nabytków, jakie znajdują się w twoim gospodarstwie domowym, więc kup najlepszy na jaki cię stać – ważna jest siła ssania i moc silnika. Poszukaj modelu wyposażonego w dużą liczbę dodatkowych ssawek, które ułatwiają sprzątanie domu.

Odkurzając, zacznij od najdalszego kąta pokoju i przesuwaj się w kierunku drzwi. Kilkakrotnie odkurz każde miejsce, żeby jak najdokładniej zebrać kurz. Nie dopuść do przepełnienia się worka lub pojemnika na kurz.

Małe dywaniki najpierw wytrzep na zewnątrz, potem odkurz i odłóż z powrotem na miejsce.

Nie używaj proszków neutralizujących zapachy, jeśli masz małe dziecko, które raczkuje po podłodze, lub jeśli masz zwierzęta. Niektóre osoby cierpiące na alergie mogą negatywnie reagować na takie środki. Lepiej posyp dywan niewielką ilością sody oczyszczonej, zostaw na dziesięć minut i dokładnie odkurz.

Jak czyścić telewizor

Ekran telewizora wytwarza pole elektryczne, które jak magnes przyciąga kurz. Możesz oczywiście kupić specjalne ściereczki, wilgotne chusteczki czyszczące czy preparaty w rozpylaczu, które mają działanie antyelektrostatyczne, istnieją jednak inne skuteczne metody.

Dobrym sposobem jest przetarcie ekranu telewizora papierowym ręcznikiem z niewielką ilością płynu do mycia naczyń. Ekran następnie należy wypolerować suchym ręcznikiem papierowym. Jeśli przypadkiem czyścisz okulary specjalną ściereczką z mikrofazy w pobliżu odbiornika telewizyjnego, śmiało możesz później użyć jej do polerowania ekranu.

Kurz z kratek wentylatora usuniesz za pomocą miękkiej szczotki, która powinna być dołączona do odkurzacza. Szafkę, na której stoi telewizor, wyczyść dobrze wyżętą, wilgotną ściereczką do kurzu.

Ekspresowe sprzątanie w 15 minut

Za chwilę w drzwiach stanie niespodziewany gość. W salonie wysypisko śmieci, a w łazience pobojowisko.

Nie panikuj! Skoncentruj się na przedpokoju, łazience i salonie, a drzwi do pozostałych pokoi, których wolisz nikomu nie pokazywać, po prostu zamknij.

Rzuć okiem na przedpokój i wrzuć do szafki wszystkie zalegające rupiecie.

Przejdź do pokoju dziennego:

- W nagłych sytuacjach bardzo przydatny okazuje się estetyczny skórzany lub skóropodobny pojemnik z pokrywą, ustawiony tak, by nie zawadzał. Zbierz porozrzucane książki, gazety i zabawki, i włóż je do niego. Przykryj pojemnik, a ukryjesz schowane w nim rzeczy przed okiem gości. Później odłożysz je na właściwe miejsce.
- Uprzątnij stolik do kawy.
- Przetrzyj ekran telewizora.
- Popraw meble i dywaniki.
- Wstrząśnij poduszki.
- Spryskaj pokój dobrym sprayem do pomieszczeń, a nie jednym z wątpliwej jakości „odświeżaczy powietrza". Dobry spray do pomieszczeń na pewno jest droższy, ale jego skuteczność jest zupełnie inna.

Pora na łazienkę:

- Zdejmij wilgotne ręczniki i rozsuń zasłonę prysznica.
- Rozprowadź środek czyszczący pod górną krawędzią muszli toalety, żeby zaczął działać, a tymczasem umyj umywalkę.
- Przetrzyj lustro.
- Włóż do mydelniczki dobrej jakości mydło i powieś świeży ręcznik.

A teraz odpręż się i uśmiechnij!

Łazienka

Łazienka powinna być oazą ciszy i spokoju – miejscem, gdzie można się odprężyć i zrelaksować po ciężkim dniu. Niewielki wysiłek wystarczy, żeby zawsze była nieskazitelnie czysta, a wszystko miało w niej swoje miejsce. Łazienkę można łatwo doprowadzić do stanu zaniedbania, musi więc być sprzątana i czyszczona każdego dnia.

Po każdym myciu:

Bezpośrednio po kąpieli umyj wannę, kabinę prysznicową i umywalkę. Para, która powstaje podczas kąpieli lub prysznica, rozluźni brud i ułatwi czyszczenie powierzchni, szczególnie jeśli przystąpisz do niego bezzwłocznie. Każdy z domowników musi po sobie usunąć włosy, które zbierają się w odpływie wanny lub brodzika!

Każdego dnia:

- Wszystkie powierzchnie, poza lustrem, wyczyść uniwersalnym preparatem czyszczącym. Lustro przetrzyj niewielką ilością octu spożywczego. Następnie nałóż na czystą wilgotną szmatkę odrobinę szamponu i ponownie przetrzyj lustro – zapobiegnie to jego zaparowywaniu podczas kąpieli.
- Uporządkuj przybory toaletowe.
- Umyj wannę i toaletę.

Przynajmniej raz w tygodniu:

- Zmień ręczniki.
- Zamieć podłogę, żeby usunąć z niej kurz i kłaczki. Umyj i osusz podłogę – bakterie uwielbiają ciepło i wilgoć, tak więc podłoga w łazience musi być sucha.
- Do mycia podłogi użyj wodnego roztworu antybakteryjnego płynu do czyszczenia podłóg – szczególnie dokładnie umyj podłogę wokół miski klozetowej.

Czyszczenie toalety:

Trzymaj w łazience parę gumowych rękawiczek, których używasz wyłącznie do czyszczenia miski klozetowej.

Rozprowadź środek dezynfekujący pod górną krawędzią muszli sedesowej i pozostaw na przynajmniej pół godziny (a najlepiej na całą noc). Jeśli regularnie czyścisz toaletę, nie będzie potrzeby używania silnie działających środków chemicznych. Do codziennego czyszczenia muszli możesz stosować tabletki do czyszczenia protez dentystycznych – wrzuć dwie tabletki do toalety tuż przed snem, a rano spuść wodę.

Raz w tygodniu wsyp do muszli szklankę sody oczyszczonej i spuść wodę. Soda zneutralizuje niemiłe zapachy i zapobiegnie zapychaniu się rur.

Umyj wnętrze muszli, jej krawędź, okolice zawiasów i obie strony deski sedesowej. Na koniec spuść wodę.

Zewnętrzną stronę muszli (wraz z przyciskiem do spuszczania wody) umyj roztworem płynu do mycia naczyń, co nada urządzeniu połysk.

Zdezynfekuj ściereczkę, którą czyścisz toaletę.

Czyszczenie wanny:

Wanny mogą być wykonane z różnych materiałów, zawsze więc stosuj się do instrukcji czyszczenia załączonej przez producenta. Unikaj proszków do szorowania – ich stosowanie powoduje, że powierzchnia wanny staje się matowa.

Wanny akrylowe i z włókna szklanego – wystarczy płyn do mycia naczyń lub łagodny proszek do prania. Umyj, spłucz i osusz wannę.

Uparte plamy usuniesz, pocierając je delikatnie pastą zrobioną z sody oczyszczonej i wody. Dokładnie spłucz.

Ocet zmieszany z wodą dobrze usuwa osady z kamienia, szczególnie wokół baterii i przy odpływie.

Wanny emaliowane – zastosuj płyn do mycia naczyń rozcieńczony gorącą wodą, dokładnie spłucz i osusz.

Plamy z rdzy można usunąć, pokrywając je pastą zrobioną z sody oczyszczonej i wody. Pozostaw pastę na godzinę i usuń ją. W razie potrzeby powtarzaj kilkakrotnie, aż do skutku.

Czyszczenie kabiny prysznicowej:

Przetrzyj wszystkie powierzchnie roztworem wody i octu, osusz miękką ściereczką lub starym ręcznikiem.

Zatkaną kamieniem chromowaną główkę prysznica zanurz w misce z octem zmieszanym pół na pół z wodą. Po godzinie spłucz.

Aby zaoszczędzić na czasie, wycieraj kabinę prysznicową po każdym użyciu.

Dobra rada Anthei

Zawsze, ale to zawsze używaj dwóch różnych ściereczek do czyszczenia toalety oraz umywalki i wanny. (Żeby się nie pomylić, używam ściereczek w różnych kolorach – różowej do mycia umywalki i niebieskiej do toalety – unikam w ten sposób roznoszenia zarazków). Możesz również używać papierowych ręczników, ale pamiętaj – nie wrzucaj ich do toalety, bo zatkasz rury.

DOBRE RADY

- Jeśli toaleta pokryje się osadem, wlej do muszli puszkę coca-coli. Zostaw na godzinę i spuść wodę.
- Aby usunąć uporczywe plamy i osad z kamienia w muszli sedesowej, wybierz z toalety wodę i pokryj zaplamione miejsca pastą zrobioną z boraksu i octu spożywczego. Pozostaw na kilka godzin i spłucz.
- Osad z kamienia zalegający na chromowanej armaturze usuniesz starą szczoteczką do zębów zwilżoną w occie lub soku z cytryny. Możesz również nasączyć octem watę, owinąć ją wokół baterii, a po dwóch godzinach usunąć ją i wyczyścić kran.
- Osady, które gromadzą się wokół mocowań armatury, wyczyścisz szczoteczką do zębów i mleczkiem do czyszczenia.
- Szczotką do butelek wyczyścisz odpływy i szczeliny przelewowe w wannach i umywalkach, uważaj tylko, by nie porysować powierzchni. Co dwa tygodnie wlej do odpływów trochę wybielacza lub wsyp trochę kryształków wodorotlenku sodu i zalej wrzątkiem – rozpuszczą osady z tłuszczów znajdujących się w mydle i płynach do kąpieli, które mogą doprowadzić do zapchania się rur.
- Ozdobna zasłona prysznicowa dłużej przetrwa, jeśli podszyjesz ją niedrogą plastikową zasłoną.
- Brudne fugi wyczyścisz szczoteczką do zębów i tanią pastą do zębów, lub sodą oczyszczoną zmieszaną z niewielką ilością wody.

* Jeśli woda kapiąca z nieszczelnego kranu doprowadziła do powstania na wannie lub umywalce niеładnych zacieków, spróbuj je usunąć pastą z soku cytrynowego i soli.
* Aby zapobiec rozwojowi pleśni na zasłonie prysznicowej, mocz ją przez godzinę w silnym roztworze soli, a potem rozwieś do wysuszenia. Już powstałe plamy z pleśni usuniesz pastą z sody oczyszczonej i wody.
* Na dnie kubków na szczoteczki do zębów bakterie czują się jak w domu, dlatego przynajmniej raz w tygodniu wkładaj kubki do zmywarki, a zalśnią nowym blaskiem.
* Często pierz ścierki używane do czyszczenia łazienki, albo używaj jednorazowych chusteczek czyszczących.

Sypialnia

Sypialnia powinna być świątynią ciszy i spokoju, zachęcającą do odpoczynku. Nie mogą w niej zalegać sterty prania, ubrań, gazet, książek i różnego rodzaju szpargałów.

Lista zadań, które co tydzień należy wykonać w sypialni:

* Zmień pościel.
* Odkurz podłogę. Jeśli zwierzęta mają wstęp do sypialni, należy odkurzać częściej.
* Wytrzyj z kurzu i wypoleruj powierzchnie mebli.

Z mniejszą częstotliwością:

* Staw czoło naporowi roztoczy – co miesiąc odkurzaj materac i regularnie go odwracaj, żeby równomiernie się ugniatał.

Sztuka mycia okien

Czyste okna sprawiają, że wnętrze od razu wygląda inaczej. To, jak często trzeba myć okna z zewnątrz, zależy od okolicy, w jakiej mieszkasz. Okna mieszkań lub domów znajdujących się w mieście należy myć częściej. Jeśli w twoim domu nie ma palaczy, wystarczy, że umyjesz okna od wewnątrz trzy lub cztery razy w roku.

Oczywiście można kupić specjalne płyny do mycia okien, ale po co, skoro w łatwy sposób i mniejszym kosztem możesz sama zrobić taki płyn. Wystarczy wlać wodę z octem, zmieszane w proporcjach 8:1, do plastikowego spryskiwacza do kwiatów. Ocet usunie z szyb tłuszcz i nada im piękny połysk.

Lśniące szyby bez smug:

Spryskaj okna niewielką ilością wody z octem, wytrzyj do sucha zgniecionymi gazetami.

DOBRA RADA

Zawieś na karniszu wieszak na ubrania i przewieś przez niego zasłonę, a unikniesz zamoczenia jej podczas mycia wewnętrznej strony okna.

Sprzątanie w pokojach dzieci:

Sypialnia twojego dziecka to miejsce zabawy i odpoczynku, musi więc być porządne i czyste, zwłaszcza kiedy nadchodzi pora na sen. Musisz pomóc swojemu dziecku, zapewniając mu wystarczająco dużo miejsca na przechowywanie ubrań, książek i zabawek. Uprzątnięcie zabawek przed pójściem spać zajmuje zazwyczaj kilka chwil i pomaga stworzyć atmosferę sprzyjającą odpoczynkowi.

Pokój dziecinny powinien być przyjemnym i atrakcyjnym miejscem, gdzie dziecko chętnie spędza czas. W takim pokoju również chętnie zadba o porządek, zwłaszcza jeśli jest już na tyle duże, żeby zapraszać do siebie kolegów i koleżanki.

Lista zadań, które należy wykonać co tydzień:

- Zmień pościel.
- Odkurz podłogę. Jeśli zwierzęta mają wstęp do sypialni, należy odkurzać częściej.
- Wytrzyj z kurzu i wypoleruj powierzchnie mebli.
- Nie zapomnij sprzątnąć pod łóżkiem. Jedna z uczestniczek programu wyznała, że nie pamięta, by choć raz to zrobiła, odkąd wprowadziła się do nowego domu, a było to pięć lat wcześniej. Kiedy zanurkowałam pod łóżko, odkryłam pod nim chrupkę, która przeleżała tam trzy lata – to nie żart!

Z mniejszą częstotliwością:

- Co miesiąc odkurz i odwróć materac.
- Upierz albo wyczyść zasłony.

Domowe biuro

Jeśli prowadzisz w domu biuro, niezależnie od tego, czy jest to tylko biurko, stojące w kącie pokoju, czy też cały pokój, używany jako domowe biuro, twoje miejsce do pracy wymaga częstego sprzątania. Porządne biuro, w którym łatwo można wszystko znaleźć, w którym nie trzeba przerzucać stosów szpargałów w poszukiwaniu spinacza do papieru, będzie miało zbawienny wpływ na twój poziom stresu.

Mimo że korzystamy z komputerów, biuro bez papieru nadal pozostaje w sferze fikcji. Wszyscy toniemy w papierach. Szczęśliwsi z nas mogą po prostu zamknąć drzwi swojego domowego biura. Pozostali muszą stawić czoło powstałej na biurku, grożącej zawaleniem stercie makulatury, ulotek reklamowych i dokumentów, które „kiedyś" zamierzamy przeczytać. Niekiedy nawet można tam znaleźć samotną skarpetkę poszukującą swojej towarzyszki i inne zagubione przedmioty, próbujące odnaleźć drogę do domu.

Więcej na temat zakładania biura w domu i organizacji domowego archiwum znajdziesz w Lekcji 9. Na razie zajmijmy się sprzątaniem.

Uporządkuj biurko i wyczyść je wilgotną ściereczką. Odkurz lub umyj podłogę – dobrym rozwiązaniem do domowych biur, które łatwo się kurzą, są podłogi z drewna lub PCV. Niezależnie od tego, jaki rodzaj nawierzchni wybierzesz, zawsze podłóż pod krzesło ochronną matę – podłoga dłużej będzie ładnie wyglądać.

Czyszczenie urządzeń elektrycznych:

Zanim przystąpisz do czyszczenia jakichkolwiek urządzeń zasilanych prądem, wyłącz je z gniazdka. Jeśli nie chcesz ich odłączyć od prądu, do czyszczenia używaj jedynie ledwo wilgotnych ściereczek, nigdy płynów czy sprayów.

Telefon:

Tłuste ślady palców i brud z telefonu usuniesz denaturatem. Regularnie czyść głośnik i mikrofon słuchawki antybakteryjnymi ściereczkami czyszczącymi lub roztworem wody i octu naniesionym wilgotną ściereczką.

Komputery:

Regularnie czyść klawiaturę. Zdziwisz się, kiedy zobaczysz, jakie ilości kurzu i okruszków mogą się w niej zebrać. Odwróć klawiaturę do góry spodem i delikatnie wytrząśnij okruchy, a potem wyczyść przestrzenie pomiędzy klawiszami miękkim pędzlem malarskim. Ponownie wytrząśnij. Klawisze można wyczyścić z wierzchu alkoholem metylowym aplikowanym za pomocą ledwo wilgotnej szmatki, ale uważaj, żeby płyn nie dostał się do środka pomiędzy nimi. Możesz również kupić specjalny zestaw do czyszczenia klawiatury, w którego skład wchodzi zazwyczaj powietrze pod ciśnieniem, które usuwa kurz spomiędzy klawiszy.

Plastikowe części komputera wytrzyj wilgotną ściereczką, a kurz z wentylatora usuń ssawką szczelinową odkurzacza. Jeśli masz wolno stojącą stację roboczą, pamiętaj o jej regularnym odkurzaniu i nie dopuszczaj do nagromadzenia się kurzu w wysuwanych kieszeniach na płyty i wentylatorach.

Faksy, drukarki i skanery:

Należy je regularnie wycierać z kurzu miękką szmatką i przecierać niewielką ilością denaturatu.

Bezpieczeństwo podczas sprzątania

- Zawsze używaj drabiny, żeby dosięgnąć trudno dostępnych miejsc. Nie stawaj na krześle ani stołku. Łatwo możesz spaść, usiłując sięgnąć zbyt daleko.
- Jeśli masz dzieci, zawsze dokładnie zamykaj szafkę, w której trzymasz środki czystości, a najlepiej zamykaj ją na klucz.
- Jeśli musisz wyjść z pokoju, który sprzątasz, na przykład po to, żeby otworzyć drzwi lub odebrać telefon, nie zostawiaj w nim dzieci sam na sam ze środkami czyszczącymi.
- Nigdy nie przelewaj środków czystości do nieoznakowanych butelek.
- Zawsze przestrzegaj instrukcji użycia znajdujących się na środkach czystości. Zmieszanie dwóch produktów może wywołać nieoczekiwaną, a nawet potencjalnie niebezpieczną reakcję. Zawsze spłucz jeden środek z czyszczonej powierzchni, nim zastosujesz następny.
- Jeśli otworzysz w pokoju okna podczas sprzątania, pamiętaj, by je zamknąć, kiedy tylko skończysz, zwłaszcza jeśli masz dzieci lub zwierzęta.
- Do pracy ze środkami czystości zawsze wkładaj gumowe rękawice.

LEKCJA 6
WIOSENNE PORZĄDKI
Jak wysprzątać dom na wysoki połysk

Na szczęście, w obecnych czasach wiosenne porządki w naszych domach nie przypominają tych z czasów wiktoriańskich, kiedy w każdym pokoju stał piec na węgiel, a brudy z sadzy zbierały się przez całą zimę na wszystkich powierzchniach. Sama pomyśl, w tych czasach nie było odkurzaczy, a jedynym narzędziem do sprzątania, dostępnym dla przeciętnej pokojówki (jeśli miała szczęście), była ręczna szczotka do dywanów. Czy wiesz, że pierwsze odkurzacze były potężnymi urządzeniami, które ustawiano przed domem, a osoba obsługująca je odkurzała kurz z dywanów za pomocą niezwykle długiego węża? Nie można powiedzieć, żeby odniosły natychmiastowy sukces. Ale wystarczy tej lekcji historii gospodarstwa domowego...

Każdemu domowi wyjdzie na korzyść naprawdę dokładne sprzątanie raz w roku. A czy jest na to lepszy czas niż wiosna, kiedy aura pozwala otworzyć okna, by wiosenny wietrzyk wywiał pajęczyny?

Tak naprawdę wiosenne porządki nie różnią się niczym specjalnym od codziennych. Różnica polega na tym, że w ich trakcie zaglądamy w miejsca, które przy sprzątaniu na co dzień pomijamy. To również dobra okazja, by odnowić jakiś pokój, który już od dawna domaga się uwagi.

Od ciebie samej zależy, ile czasu zabierze ci wiosenne sprzątanie. Możesz przeznaczyć na nie tydzień i w ciągu niego wysprzątać, pokój po pokoju, cały dom. Możesz również pozostać przy swoim normalnym rozkładzie prac domowych i gruntownie sprzątać po kolei każdy pokój.

Zaplanuj taktykę

Po pierwsze, zbierz posiłki. Przyda się każda para rąk.

Obejdź cały dom, zapisując wszystko, co należy zrobić w każdym pomieszczeniu, żeby potem każdy domownik mógł z satysfakcją wykreślać z listy kolejne wykonane zadania. To wspaniałe uczucie, patrzeć, jak lista zadań do wykonania staje się coraz krótsza.

Poniżej podaję kilka przykładów prac, czekających was w każdym z pomieszczeń.

1 Posprzątaj w szafkach

Przez cały rok utrzymywałaś w nich ład, ale teraz pora na gruntowne porządki. Wyjmij wszystko z szafki, umyj ją od środka, przejrzyj jej zawartość i wstaw z powrotem tylko to, co chcesz zatrzymać. Trzymaj pod ręką cztery worki na śmieci, żeby na bieżąco segregować to, czego się pozbywasz. Sprzątaj tylko jedną szafkę jednorazowo. Jeśli zawartość wszystkich szafek będzie rozsiana po całej podłodze, poczujesz się jak w sklepie podczas wyprzedaży.

2 Zasłony zdejmij i upierz, lub oddaj do pralni. Wyczyść karnisze

Niektóre tkaniny zasłonowe należy prać na sucho, sprawdź więc zamieszczoną na nich instrukcję prania, zanim wrzucisz je do pralki. Jeśli masz zasłony mocowane do szyn za pomocą haczyków, zdejmij wszystkie haczyki i włóż je do pudełka. Jeśli o tym zapomnisz, przy ponownym wieszaniu upranych zasłon możesz odkryć, że kilku haczyków brakuje.

Dokładnie wytrzyj z kurzu karnisze. Jeśli szyny są plastikowe, wytrzyj je wilgotną szmatką, a po wyschnięciu przetrzyj ściereczką spryskaną preparatem do polerowania na bazie silikonu. Dzięki temu haczyki lub żabki będą łatwo się przesuwać po szynach prowadnicy. Metalowe karnisze potrzyj lekko niewielką ilością środka do polerowania metalu, a potem wypoleruj suchą szmatką.

3 Odsuń wszystkie meble i sprzątnij za nimi oraz pod nimi

Poproś kogoś o pomoc przy przesuwaniu ciężkich mebli. Po sprzątnięciu za oraz pod meblami ustaw je ponownie na miejscu i wyczyść jak zwykle.

4 Odkurz sufit

Jeśli nie masz specjalnej szczotki do odkurzania sufitu, owiń dużą ścierkę do kurzu wokół szczotki na kiju i delikatnie omieć sufit. Uważaj, aby nie uszkodzić oprawy lampy i nie stłuc klosza – o to nietrudno.

5 Wyczyść oprawę żyrandola, klosz i żarówkę

Odłącz prąd – to warunek konieczny ze względów bezpieczeństwa. Wykręć żarówkę i zdejmij klosz.

Wytrzyj oprawę lampy suchą szmatką. Odkurz szklaną część żarówki i umyj lub wyczyść klosz. Możesz to zrobić za pomocą ssawki szczelinowej odkurzacza.

6 Sprzątnij za kaloryferami

Część powierzchni kaloryfera odkurzysz nasadką szczelinową odkurzacza, ale do miejsc za kaloryferem nie sięgniesz bez specjalnej szczotki. Jeśli jej nie masz, improwizuj. Weź druciany wieszak na ubrania, wyprostuj go i nałóż na niego starą skarpetkę. Z łatwością sięgniesz teraz w najciaśniejsze szczeliny.

7 Odkurz i umyj ściany, usuwając wszelkie zabrudzenia i plamy

Ściany pokryte farbą:
Odkurz ściany za pomocą zmiotki do kurzu na długim kiju, a jeśli takiej nie masz, improwizuj.

Umyj ściany. Wypróbuj najpierw w niewidocznym miejscu, czy farba dobrze zniesie mycie, nim zaczniesz zmywać całą ścianę. Większość farb można myć ciepłym roztworem wody i płynu do zmywania. Mycie ścian zawsze zaczynaj od dołu, żeby uniknąć brudnych strużek wody ściekających po ścianie. Nie przerywaj, dopóki nie umyjesz całej ściany, inaczej pozostanie na niej ślad.

Po umyciu spłucz ściany czystą wodą. Podłogi zabezpiecz pokrowcem, który wchłonie wodę. Możesz również rozłożyć folię malarską, ale pamiętaj, by przykryć ją starym materiałem, żeby się nie poślizgnąć. (Włóż koszulkę z krótkimi rękawami, a jeśli nie chcesz, żeby brudna woda ściekała ci po rękach, załóż stare bawełniane frotki na nadgarstki lub umocuj gumką na nadgarstkach stare ściereczki flanelowe).

Możesz sama sporządzić swój własny, przyjazny dla środowiska, preparat do mycia ścian, zapobiegający rozwojowi grzybów, pleśni i bakterii. Zmieszaj osiem szklanek ciepłej wody z czterema szklankami octu spożywczego i dodaj trzydzieści kropli olejku z drzewa herbacianego. Po umyciu spłucz ściany czystą ciepłą wodą.

Ściany pokryte tapetą:
Odkurz ściany zmiotką lub miotełką na długim kiju. Jeśli masz tapety, które można czyścić na mokro, umyj je ciepłym roztworem wody z delikatnym płynem do zmywania. Dobrze wyżymaj ścierkę, żeby nie przemoczyć tapet.

Zabrudzenia z tapet, które nie nadają się do czyszczenia na mokro, usuń gumką do ołówka, najlepiej gumką chlebową, której używają graficy*. Tłuste plamy spróbuj usunąć, przykładając do nich bibułę i przeprasowując ciepłym żelazkiem. Tę czynność należy powtarzać, dopóki bibuła nie wchłonie całego tłuszczu.

8 Wyczyść powierzchnie malowane farbą olejną

Powierzchnie pokryte farbą olejną myj roztworem płynu do mycia naczyń i wody, zaczynając od góry i posuwając się w dół. Nie używaj środków piorących, ponieważ mogą zmienić kolor niektórych farb. Spłucz czystą wodą i osusz nową ściereczką.

9 Wypierz dywan lub dokładnie umyj podłogę

Możesz oczywiście samodzielnie na czworakach szorować dywan, ale jeśli masz w domu dużo dywanów lub wykładzin, będzie to zajęcie wykraczające poza możliwości większości ludzi. Radzę ci zatrudnić firmę czyszczącą dywany lub płatną siłę roboczą.

10 Wyczyść regały na książki

Raz do roku całkowicie opróżnij regały na książki – to również świetna okazja do pozbycia się niechcianych już egzemplarzy. Odkurz książki miotełką do kurzu z syntetycznego włosia. Podczas czyszczenia trzymaj książkę zamkniętą, żeby nie uszkodzić kartek. Wytrzyj półki i odstaw książki na miejsce.

Inne prace, które należy wykonać na wiosnę

- Przesadź wszystkie rośliny, które wyrosły już z doniczek, a ziemię w pozostałych doniczkach użyźnij niewielką ilością nowego podłoża.
- Wyczyść tapicerkę na sofach i fotelach.
- Wypierz narzuty albo oddaj je do pralni.
- Wyczyść wirniki wentylatorów zgodnie z zaleceniami producenta.

DOBRE RADY

Wazon z wąską szyjką można dokładnie umyć, napełniając go wodą i wrzucając do środka aspirynę musującą lub tabletkę do czyszczenia protez; zostaw roztwór na noc. Rano należy wazon wypłukać. W trakcie czyszczenia wazon musi pozostawać poza zasięgiem dzieci.

Jeśli regały na książki są wyposażone w drzwi, od czasu do czasu należy zostawić je otwarte na cały dzień, żeby powietrze mogło krążyć swobodnie. Jeśli książki się zawilgocą, zaatakuje je pleśń, która powoduje gnicie papieru.

Regały nie powinny stać w pobliżu grzejników, ponieważ ciepło może uszkodzić i regały, i książki. Ciepło spowoduje pękanie okładek i rozsychanie się książek.

* W Polsce gumkę chlebową można kupić w sklepach z artykułami dla plastyków.

Usuwanie nieprzyjemnych zapachów

Dym tytoniowy

- W dyskretnym miejscu postaw małą estetyczną miseczkę wypełnioną octem, który wchłonie zapach dymu z papierosów.
- Wymieszaj trzy łyżki sody do prania (węglan sodu) z wrzącą wodą i dodaj kilka kropli olejku lawendowego. Wlej płyn do miseczki i pozostaw na noc w pomieszczeniu, w którym palono papierosy. Do rana zapach zniknie.

Zapach stęchlizny w szafach:

- Do słoika po dżemie wsyp sól kąpielową, otwór przykryj szmatką zabezpieczoną gumką recepturką lub taśmą klejącą. Słoik postaw na dnie szafy, żeby ubrania pachniały świeżością i żeby zapobiec powstaniu zapachu stęchlizny.
- W szafie nad drążkiem poprzecznym na wieszaki przyklej perfumowaną saszetkę.
- Do szuflad z ubraniami włóż kostki perfumowanego mydła.

LEKCJA 7

PRANIE

Podstawy prania i prasowania

Czy wiesz, że przeciętna czteroosobowa rodzina produkuje rocznie dwie tony prania? Pranie to taka praca, która nigdy się nie kończy i która zawsze czeka na wykonanie. Ale i tak mamy więcej szczęścia niż nasze babcie. One nie miały ułatwień w postaci pralek automatycznych, bębnowych suszarek do prania i żelazek na parę. My przynajmniej możemy nastawić program w pralce lub suszarce i zająć się czymś ciekawszym. Pranie i prasowanie nie należą do wyjątkowo przyjemnych zajęć, ale dają satysfakcję, a jeśli zajmujemy się nimi na bieżąco, wcale nie są aż tak wyczerpujące.

Pranie

Zanim włączysz pralkę, podziel pranie na cztery stosiki – białe, jasne kolory, ciemne kolory i rzeczy, które należy prać ręcznie. Pozapinaj suwaki, zawiąż sznureczki i tasiemki, żeby się nie splątały, i sprawdź, czy w kieszeniach nie zostały chusteczki higieniczne, długopisy lub banknoty – rozmiękłe pieniądze tracą siłę nabywczą! Wszelkie delikatne ubrania włóż do woreczków do prania – lub w poszewkę na poduszkę – żeby się nie poplątały i nie pozaciągały o guziki czy suwaki. Kreacje zdobione strasem lub cekinami przewróć na lewą stronę. Przed włożeniem ubrań do pralki wywab z nich plamy. (Zobacz: Lekcja 11 Usuwanie plam).

Załaduj pralkę i włącz pranie. Niech cię nie korci zastosowanie większej ilości detergentu niż zalecana – ubrania przez to nie będą czyściejsze. Zawsze nastawiaj odpowiednią temperaturę prania – białe rzeczy prane w zbyt wysokiej temperaturze mogą pożółknąć, a niektóre sztuki odzieży się zbiegną. Jeśli masz naprawdę zabrudzone ubrania, najpierw mocz je przez noc w wodzie z niewielką ilością ekologicznego proszku do prania.

Żeby zapobiec tworzeniu się załamań i ułatwić sobie prasowanie, wyjmuj rzeczy z pralki jak najszybciej po zakończeniu cyklu prania. Wysusz je na świeżym powietrzu lub w suszarce bębnowej. Ja sama nigdy nie wkładam mokrych rzeczy bezpośrednio do suszarki. Najpierw podsuszam ubrania na powietrzu i dopiero potem dosuszam je w suszarce.

Jeśli tylko pogoda na to pozwala, susz pranie na świeżym powietrzu – ubrania wówczas się nie niszczą, nabierają pięknego zapachu, no i zaoszczędzasz na prądzie. Pamiętaj o przetarciu sznura na bieliznę, zanim rozwiesisz pranie. Jeśli konieczne jest skorzystanie z suszarki, pamiętaj, że najefektywniej pracuje wtedy, gdy jest zapełniona tylko w połowie.

Kiedy pranie wyschnie, złóż je starannie – zaoszczędzi ci to czasu i pracy podczas prasowania – i włóż do kosza na bieliznę, gdzie pozostanie, aż będziesz gotowa do prasowania.

Sztuka odczytywania wszywek

Wszywki z instrukcjami prania, dołączane przez producentów do odzieży, zawierają wszystkie informacje na temat tego, jak właściwie uprać daną rzecz. Dobre wieści są takie, że zamieszczane na nich symbole są takie same na całym świecie. Nie ma więc znaczenia, czy twoja koszulka została uszyta w Łodzi czy w Pekinie – na wszywce będę te same cenne wskazówki.

Jak złamać szyfr

Symbole oznaczające sposób prania, prasowania oraz czyszczenia chemicznego:

Instrukcje prania są oznaczone symbolem miski do prania, instrukcje suszenia kwadratem, a sposób czyszczenia na sucho – kółkiem. Sposób prasowania jest oznaczony symbolem żelazka.

Symbol dotyczący prania podaje temperaturę, w jakiej dana rzecz powinna być prana. Na przykład symbol 

oznacza, że ta sztuka odzieży może być prana w pralce automatycznej w temperaturze 40°C (chodzi o temperaturę wody). Jeśli powyżej podanej temperatury prania umieszczona jest pojedyncza cyfra, oznacza ona numer programu prania, odpowiadającego danej temperaturze.

Inne symbole dotyczące pielęgnacji ubrań:

 Prać tylko ręcznie, a nie mechanicznie.

 Nie prać.

 Można bielić rozcieńczonym wybielaczem chlorowym.

 Nie wybielać.

Suszenie bębnowe. (Dwie kropki znajdujące się w kółku oznaczają, że daną rzecz można suszyć przy normalnych obrotach, jedna kropka oznacza obroty zredukowane).

Suszenie bez wyżymania w pozycji pionowej. (Mokre ubranie należy rozwiesić, żeby obciekło. W ten sposób suszy się koszule oraz rzeczy prawie niewymagające prasowania).

Suszenie na sznurze. (Krótko odwiruj pranie i wysusz na sznurze do bielizny).

Suszenie w pozycji poziomej (polecane do wełnianych wyrobów dziewiarskich).

Symbole dotyczące prania chemicznego:

Puste kółko oznacza, że ubranie można czyścić jedynie na sucho.

Litera znajdująca się wewnątrz kółka informuje pralnię, jakiego płynu należy użyć do czyszczenia danej sztuki odzieży.

Nie czyścić chemicznie.

Symbole dotyczące prasowania:

Jedna kropka oznacza prasowanie chłodnym żelazkiem (tkaniny poliestrowe, z włókien octanowych, akrylowych, wiskoza i nylon).

Dwie kropki oznaczają prasowanie ciepłym żelazkiem (mieszanki wełny i poliestru).

Trzy kropki oznaczają prasowanie gorącym żelazkiem (bawełna i bielizna pościelowa).

Tego ubrania nie należy prasować (mogłoby ulec uszkodzeniu).

Przekreślony symbol, tak jak pokazany wyżej przekreślony symbol żelazka, zawsze oznacza zakaz.

DOBRE RADY

- Poszarzałe ściereczki kuchenne można odświeżyć, gotując je w wodzie z dodatkiem kilku plasterków cytryny. Wypłucz i upierz wraz z białymi rzeczami. Cytryna działa jak naturalny wybielacz.
- Aby skarpetki nie rozdzielały się w praniu, trzymaj pod ręką kilka agrafek i spinaj skarpetki parami.
- Myjki do twarzy mocz przez kilka godzin w wodzie z octem, zanim upierzesz je w pralce. Moczenie usunie pozostałości mydła, które zbierają się na myjce.
- Paski przewieś przez sznur do suszenia bielizny i zapnij – w ten sposób nie odcisną się na nich ślady od klamerek do bielizny.
- Piorąc w rękach delikatne rzeczy z wełny, dodaj dwie łyżki stołowe gliceryny do ostatniego płukania. Dodatek gliceryny nada im miękkość.
- Nigdy nie wkładaj ociekających wodą ubrań do suszarki.
- Plamy z potu spryskaj przed praniem octem spożywczym.

Utrzymywanie pralki w czystości:

Od czasu do czasu wlej do zasobnika na detergent szklankę octu i nastaw pustą pralkę. Ocet usunie zalegające resztki proszków do prania i odświeży zapach w pralce. Możesz też, zamiast octu, wsypać do zasobnika szklankę kryształków wodorotlenku sodu.

Przynajmniej raz w miesiącu czyść filtr pralki.

Pranie ręczne

Większość ubrań można prać w pralce, ale są też takie, które należy prać ręcznie – uszyte z koronki, cienkiego jedwabiu czy wełny oraz delikatna bielizna osobista.

Jak prać ręcznie:

1. Napełnij miskę ciepłą wodą i dodaj płatki mydlane lub specjalny płyn do prania wełny i delikatnych tkanin. Jeśli używasz płatków, muszą się całkowicie rozpuścić w wodzie, zanim włożysz do niej pranie.
2. Na krótko namocz ubrania, żeby brud się rozluźnił. Nigdy nie mocz przed praniem rzeczy z wełny.
3. Delikatnie wygniataj praną odzież.
4. Płucz kilka razy, aż woda po płukaniu pozostanie czysta.
5. Lekkie rzeczy, jak bielizna osobista, powieś mokre, żeby woda z nich odciekła. Nadmiar wody z odzieży wełnianej odsącz, zawijając ją w ręcznik. Później nadaj ubraniom właściwy kształt i susz rozłożone poziomo. Wełnianych ubrań nie wyżymaj.

DOBRE RADY

- Aby jedwab był bardziej mięsisty, do ostatniego płukania dodaj łyżeczkę cukru.
- Piorąc w rękach, dodaj łyżeczkę octu do ostatniego płukania – ocet pomoże usunąć resztki mydła.
- Żeby odsączyć wodę z rajstop i bielizny osobistej, zawiń je w ręcznik i poskacz po nich przez pół minuty. Większość wody zostanie wchłonięta przez ręcznik.

Prasowanie

Zaplanuj prasowanie na porę twojego ulubionego programu telewizyjnego lub radiowego, a czas minie ci dużo szybciej. Zrób sobie filiżankę kawy.

Najważniejszy jest dobry sprzęt. Wybierz odpowiedni sprzęt do prasowania, o najwyższej jakości, na jaką cię stać.

- Używaj deski do prasowania z dużym blatem – na małej desce trzeba co chwila przekręcać ubrania. Sprawdź, czy ustawiłaś deskę na odpowiedniej wysokości – prasowanie nie powinno wywoływać bólu kręgosłupa.
- Pod pokrowiec deski podłóż grubą podkładkę. Ochroni deskę przed przegrzewaniem i ograniczy liczbę zagnieceń powstających podczas prasowania.
- Deskę możesz wyłożyć folią aluminiową, na którą nałożysz pokrowiec – folia odbija ciepło.
- Trzymaj pod ręką wieszaki na ubrania, żeby od razu móc powiesić prasowaną odzież – zaoszczędzisz na czasie.

Posortuj rzeczy, nim zaczniesz prasować:

- Zanim przystąpisz do pracy, posortuj ubrania według temperatury prasowania, żebyś nie musiała niecierpliwie przestępować z nogi na nogę w oczekiwaniu, aż żelazko osiągnie właściwą temperaturę do prasowania każdej kolejnej rzeczy.
- Zacznij od ubrań, które prasuje się najchłodniejszym żelazkiem, a skończ na tych, które wymagają najwyższej temperatury. Jeśli nie masz pewności, jaka powinna być temperatura prasowania, sprawdź instrukcje znajdujące się na wszywce.

DOBRE RADY

- Zapoznaj się dokładnie z własną suszarką i poeksperymentuj z czasem suszenia dla różnych tkanin. Ubrania suszone zbyt długo trudniej się prasuje. Dłuższy czas suszenia to również większe zużycie energii.
- Prasowanie zajmie mniej czasu, jeśli suszarka nie będzie w pełni załadowana ubraniami. Wyjmij rzeczy z suszarki, kiedy tylko zakończy się program.
- Jeśli pomiędzy suszeniem a prasowaniem minęło trochę czasu, włóż ubrania z powrotem do suszarki wraz z wilgotną czystą ściereczką do naczyń i włącz suszarkę na pięć minut. Wilgoć wygładzi włókna tkaniny co ułatwi rozprasowanie zagnieceń.
- Podczas prasowania dużych sztuk, na przykład prześcieradeł i zasłon, postaw przed deską do prasowania krzesło nakryte ręcznikiem. Układaj na nim uprasowane fragmenty, żeby nie spadały na podłogę.
- Haftowany materiał prasuj po lewej stronie – uwypuklisz w ten sposób wzór haftu.
- Prasując krawat, umieść w nim kawałek tekturki, żeby para ze spodniej części nie pozostawiała śladów na przodzie krawata.
- Ubrania o ciemnych kolorach prasuj po lewej stronie, unikniesz wówczas świecących śladów po żelazku.
- Nie próbuj odświeżać brudnych ubrań, przeprasowując je na szybko. Ciepło utrwali plamy, które trudniej będzie usunąć z tkaniny.
- Zawsze prasuj tkaninę dookoła guzików i suwaków, a nie po nich.
- Sztruks prasuj po lewej stronie, przez wilgotną ściereczkę.
- Delikatne guziki można zabezpieczyć przed przypadkowym uszkodzeniem, przykrywając je łyżeczką.
- Jeśli używasz żelazka na parę, nie zaczynaj prasowania, dopóki nie osiągnie ono właściwej temperatury. Jeśli żelazko jest zbyt chłodne, woda może skapnąć na ubrania i pozostawić ślady.
- Podszewka może wymagać niższej temperatury prasowania.

Dobra rada Anthei

Cudowna pościel

Bielizna pościelowa nie wymaga prasowania, ale jest to luksus, na który zasługujesz. Niewiele rzeczy daje przyjemność większą od wślizgnięcia się w czystą, świeżo wyprasowaną pościel. Spróbuj, a nigdy więcej nie zechcesz spać w pomiętej pościeli.

O ile nie masz wrażliwej skóry, włóż saszetkę zapachową pomiędzy prześcieradła w bieliźniarce – nada im niebiański zapach i pozwoli się cieszyć spokojnym snem.

Sztuka prasowania koszul

Koszule i bluzki koszulowe są prawdopodobnie najtrudniejszymi do uprasowania częściami garderoby, ze względu na dużą liczbę elementów. Postępuj zgodnie z opisanym przeze mnie krok po kroku przewodnikiem po prasowaniu koszul, a wkrótce staniesz się ekspertem w tej dziedzinie.

Koszula nie może być zbyt sucha, kiedy przystępujesz do prasowania, ponieważ trudniej będzie rozprasować zagniecenia.

1 Zacznij od spodu kołnierzyka, od rogów do środka, by uniknąć zagnieceń w widocznych miejscach.
2 Wyprasuj wierzch kołnierzyka w ten sam sposób.
3 Rozprostuj ramię na wąskim końcu deski do prasowania i wyprasuj karczek w kierunku od szwu rękawa do środka. Tak samo postępuj z drugą stroną.
4 Pora na mankiety: najpierw strona wewnętrzna, następnie zewnętrzna.
5 Teraz zajmij się rękawami – najpierw wyprasuj stronę, po której znajduje się zapięcie mankietów, a potem drugą.
6 Wyprasuj plecy koszuli.
7 Wyprasuj obie strony zapięcia, tę z guzikami i tę z dziurkami.
8 Uprasuj przody koszuli.
9 Ponownie przeprasuj kołnierzyk i powieś koszulę na wieszaku. Nie zapomnij zapiąć guzików, żeby inne ubrania wiszące w szafie nie pogniotły kołnierzyka i głównych części koszuli.

DOBRE RADY

* Pogniecioną koszulę powieś w łazience, podczas gdy bierzesz kąpiel lub prysznic. Przy odrobinie szczęścia zagniecenia mogą zniknąć. Jeśli nie, koszula będzie przynajmniej łatwiejsza do wyprasowania.
* Napełnij spryskiwacz do kwiatów wodą i używaj go, by zwilżyć przed prasowaniem koszule, które są przesuszone.

Prasowanie przez ściereczkę

Niektóre ubrania, takie jak garnitury, spodnie, marynarki oraz wełniane swetry, wymagają innej techniki prasowania, polegającej na delikatnym przykładaniu żelazka przez ściereczkę. Bezpośrednie prasowanie może spowodować błyszczenie niektórych tkanin, a nawet zniszczyć włókna.

Jak prasować przez ściereczkę

Potrzebna ci będzie czysta płócienna lub bawełniana ściereczka – wystarczy kawałek starej poszewki lub starego prześcieradła.

1 Zamocz i dobrze wykręć ściereczkę. Połóż ją na fragmencie ubrania, który będziesz prasować, i przykładaj do niej rozgrzane żelazko, dopóki ściereczka nie będzie sucha (ale nie czekaj, aż pojawią się na niej ślady przypalenia). Zanim przejdziesz do prasowania kolejnego fragmentu ubrania, poczekaj, aż cała para się ulotni.

2 Jeśli w ten sposób prasujesz wilgotne ubranie, nie ma potrzeby moczenia ściereczki.

3 Wyprasowane tą techniką rzeczy rozwieś, żeby odparowały. Powieś je w szafie dopiero wtedy, kiedy będą zupełnie suche.

DOBRA RADA

Do wody w spryskiwaczu dodaj kilka kropli olejku lawendowego i używaj jej do zwilżania ściereczki do prasowania.

LEKCJA 8
DZIECI I ZWIERZĘTA

Jak zadbać o higienę i bezpieczeństwo rodziny

Sprzątanie wraz z dziećmi

Jeśli masz dzieci, nie możesz oczekiwać, że w domu będzie porządek dwadzieścia cztery godziny na dobę. Dzieci chcą się bawić, malować, przebierać i robić mnóstwo niezwykle interesujących rzeczy, którym nieodzownie towarzyszy bałagan.

Jeśli dzieci są jeszcze małe, musisz zwracać specjalną uwagę na bezpieczeństwo i higienę. Raczkujące i uczące się chodzić dzieci spędzają dużo czasu na czworakach na podłodze, trzeba więc zadbać o jej czystość, zwłaszcza jeśli w domu są zwierzęta.

Nawet bardzo małe dzieci mogą pomagać w pracach domowych, odkładając na miejsce zabawki, książki i ubrania. Powinny czuć się członkami zespołu, w którym wszyscy sobie nawzajem pomagają – również w sprzątaniu. Zachęcaj dzieci do utrzymania porządku, a nauczysz je cennej umiejętności, która przyda im się w całym dorosłym życiu.

Do chwili osiągnięcia wieku siedmiu lat większość dzieci powinna umieć:

- odkładać na miejsce ubrania i zabawki,
- wkładać brudne ubrania do kosza na bieliznę,
- ścielić łóżka, nawet jeśli robią to nieco niedokładnie,
- pomagać przy nakrywaniu do stołu i sprzątaniu z niego – wystarczy pomoc w zaniesieniu lub przyniesieniu czegoś lekkiego.

Większość nastolatków powinna już umieć:

- samodzielnie zmieniać pościel i sortować rzeczy do prania,
- sprzątać w swoim pokoju,
- przygotować prosty posiłek lub przekąskę,
- robić nieskomplikowane zakupy,
- odkurzać,
- ładować i opróżniać zmywarkę.

Być może nastolatki nie są w stanie wykonać tych zadań tak dobrze, jak ty byś je wykonała, być może zajmują im one więcej czasu, ale przecież usługiwanie im nie jest twoją życiową rolą. Masz je kochać, chronić i dbać o nie, a lepiej by weszły w szeroki, nieznany świat nauczone pewnych umiejętności, niż nieporadne.

Zapewnienie bezpieczeństwa dzieciom

Ważne jest, by stworzyć dzieciom bezpieczne i szczęśliwe otoczenie. Często w ogóle nie zdają sobie sprawy z zagrożeń dla nas doskonale widocznych, trzeba więc przedsięwziąć pewne kroki, by zapewnić im bezpieczeństwo.

- Jeśli musisz zostawić niemowlaka samego, żeby otworzyć drzwi lub odebrać telefon, włóż go do kojca. Dopilnuj, by w kojcu znajdowało się kilka zabawek, którymi malec może się zająć pod twoją nieobecność.
- Na klamce drzwi wejściowych powieś na sznurku mały dzwoneczek, który zaalarmuje cię, jeśli dziecko je otworzy.
- Dopilnuj, by furtka ogrodowa była dobrze zamknięta. Poproś osoby regularnie cię odwiedzające, na przykład roznosiciela gazet, listonosza i mleczarza, żeby zawsze zamykały furtkę za sobą.
- Sprawdź, czy w domu nie ma leżących na podłodze lub niezabezpieczonych przewodów elektrycznych.
- Zabezpiecz nieużywane gniazdka elektryczne specjalnymi zaślepkami, które uniemożliwią próby wetknięcia w gniazdko jakichkolwiek przedmiotów.
- Jeśli masz w domu pianino, pokrywa zawsze powinna być zamknięta, najlepiej na kluczyk. Opadająca pokrywa może wyrządzić wielką krzywdę paluszkom malca.
- Czajniki i podobny sprzęt powinny być wyposażone w krótkie lub spiralne przewody elektryczne, żeby z blatów nie zwisały kable, łatwo dostępne dla dzieci.
- Maszynki do golenia i żyletki nie mogą znajdować się w zasięgu dzieci. Nigdy nie wkładaj zużytych żyletek do kosza na śmieci.
- Upewnij się, czy twoja kuchenka jest wyposażona w zabezpieczenie palników. Garnki zawsze stawiaj uchwytami do środka kuchenki, by dziecko nie mogło ich ściągnąć.
- Zawsze używaj ekranu kominkowego, kiedy rozpalasz ogień.
- Jeśli telefon lub dzwonek u drzwi zadzwoni, kiedy akurat prasujesz, wyłącz żelazko i postaw je na ziemi, stopą grzewczą w stronę ściany. Nigdy nie zostawiaj żelazka na desce do prasowania. Żelazko wolno stygnie, a małe dziecko może z łatwością je ściągnąć.
- Zadbaj o to, żeby wszystkie środki chemiczne używane w domu i ogrodzie były bezpiecznie zamknięte.

Dobra rada Anthei

Przyszli artyści?
Wszyscy lubią chwalić się dziełami namalowanymi przez dzieci, ale obrazki szybko stają się sfatygowane i wyblakłe. Spryskaj je lakierem do włosów – utrwali farbę i wzmocni papier.

Bezpieczne zabawki

Zanim kupisz dla dziecka jakąś zabawkę, sprawdź, czy jest bezpieczna.

Upewnij się, że jest odpowiednia do wieku dziecka, solidnie wykonana z nietoksycznych materiałów, nie jest na tyle mała, by można ją połknąć, i nie ma żadnych ostrych lub wystających części.

Zabawki są traktowane brutalnie, więc warto regularnie przeglądać pudełko z nimi, by sprawdzić, czy któraś nie jest popsuta. Natychmiast pozbądź się tych, które już nie są bezpieczne.

* Zamontuj barierkę zabezpieczającą schody, dopóki dziecko nie umie samo wejść po schodach i z nich zejść.
* Dziecko może się łatwo poślizgnąć w wannie, więc zanim nalejesz wody, połóż na dnie niewielki ręcznik lub gumową matę antypoślizgową.
* Kiedy przygotowujesz kąpiel dla dziecka, przez cały czas pozostawaj w łazience, żeby uniknąć ryzyka włożenia dziecka do zbyt gorącej wody.
* Nigdy nie pozostawiaj małego dziecka samego w kąpieli.
* Zapałki i zapalniczki muszą być trzymane poza zasięgiem dzieci.
* Również poza zasięgiem dzieci przechowuj przybornik do szycia, apteczkę i skrzynkę na narzędzia.
* Wszystkie okna muszą być wyposażone w blokady zabezpieczające przed otwarciem.
* Na drzwiczki i szuflady znajdujących się nisko szafek także nałóż blokady.
* Zanim odłożysz plastikową reklamówkę, zwiąż ją w supeł.
* Wszystkie lekarstwa trzymaj pod kluczem – dzieci mogą je wziąć za słodycze.

Blokady WC

Małe dzieci należy zniechęcać do zamykania na blokadę drzwi od łazienki i toalety. Pomóż im zrobić wywieszkę na drzwi, informującą, że jest „zajęte", którą powieszą na klamce, udając się do toalety. Jeśli to możliwe, wymień zamontowane zamki na takie, które można otworzyć od zewnątrz.

Zwierzęta w domu

Uwielbiam moje cztery koty, Olive, Olivera, Twiglet i Martina, oraz moje przecudne golden retrievery, Diggera i Buddiego, i nie wyobrażam sobie życia bez nich. Ale nie ulega wątpliwości, że nad psią sierścią i śladami zabłoconych łap trzeba zapanować, choć to przecież niewygórowana cena za przyjemność i towarzystwo, jakich nam dostarczają.

Wystarczy wprowadzić w życie kilka prostych zasad, a będziesz mieszkać w idealnej harmonii ze swoimi zwierzakami. Podstawą jest higiena – posłania i miski twoich pupili muszą być czyste, kuweta regularnie sprzątana (do tej czynności wkładaj gumowe rękawice), zdarzające się „wypadki" natychmiast usuwane, a zwierzaki wyczesane. Na koniec zabiegów higienicznych zawsze dokładnie myj ręce.

Kocia kuweta nie może stać w kuchni. Znajdź na nią cichy kącik, z dala od domowych szlaków komunikacyjnych. Czy tobie samej byłoby przyjemnie korzystać z toalety, podczas gdy ludzie bezustannie przechodzą obok i przyglądają się, co robisz? Dobre miejsca na kocią kuwetę to garderoba lub pomieszczenie gospodarcze.

Zwierzęta mogą przenosić choroby, ale przypadki zarażenia się ludzi od zwierząt są niezwykle rzadkie. Mimo to, ciężarne kobiety powinny przekazać obowiązek czyszczenia kuwety innemu członkowi rodziny. Jeśli to niemożliwe, należy zawsze wkładać do tego gumowe rękawice, a potem starannie umyć ręce gorącą wodą i mydłem.

Dzieci nie należy zostawiać sam na sam ze zwierzętami. Trzeba je nauczyć mycia rąk za każdym razem po skończonej zabawie ze zwierzakiem lub jego zabawkami.

Opieka nad zwierzętami, krok po kroku

- Co tydzień pierz posłanie czworonoga.
- Co drugi dzień opróżniaj kuwety i wymieniaj w nich żwirek. Odchody usuwaj na bieżąco.
- Jeśli zwierzęciu przytrafi się jakiś „wypadek", natychmiast po nim posprzątaj.
- Nie myj psich i kocich misek razem z ludzkimi.
- Często czyść zabawki swoich pupili.
- Regularnie czesz psy i koty, by usunąć nadmiar sierści i nie dopuścić do rozwoju łupieżu zwierzęcego. Regularne czesanie także przynosi zwierzętom ulgę.
- Często myj podłogi i odkurzaj wykładziny lub dywany w pomieszczeniach, gdzie przebywają zwierzęta.
- Odchodów zwierzęcych nie wolno wyrzucać do kosza. Zawiń je w plastikowy worek i wyrzuć do pojemnika na śmieci lub do ogrodu, w miejscu gdzie psu wolno się załatwiać.
- Usuwaj resztki karmy z misek, kiedy tylko zwierzak skończy jeść, żeby nie przyciągały much. Miejsce, w którym zwierzęta są karmione, musi być nieskazitelnie czyste i często sprzątane z użyciem bezpiecznego dla zwierząt środka dezynfekującego.
- Zadbaj o to, żeby zwierzę miało pod dostatkiem świeżej wody.
- Nigdy nie karm kota karmą dla psów. Koty są z natury mięsożerne, natomiast psy są wszystkożerne, potrzebują więc mniej mięsa, lecz za to więcej zbóż i warzyw. Karma dla psów nie dostarczy kotom wszystkich niezbędnych składników odżywczych.
- Regularnie odrobaczaj zwierzęta.
- Pamiętaj o terminach szczepień i prowadź zwierzęta do weterynarza, kiedy tylko zauważysz u nich oznaki złego samopoczucia.

DOBRE RADY DLA WŁAŚCICIELI ZWIERZĄT

- Jeśli twój ulubieniec woli sofę lub fotele od swojego posłania, kup narzutę ochronną na meble, nadającą się do prania (często mają wodoszczelną podszewkę, co jest dodatkową zaletą) – jest dużo łatwiejsza do utrzymania w czystości niż tapicerka.
- Otwierając puszkę sardynek lub tuńczyka, zachowaj olej i polej nim psią karmę. Dzięki olejowi sierść psa będzie błyszcząca.
- Przed kąpielą zawsze dokładnie wyczesz zwierzaki, by usunąć martwą lub skołtunioną sierść. Najpierw ostrożnie rozdziel kołtuny palcami, potem rozczesz, a te, których się nie da rozczesać, ostrożnie wytnij. Jeśli nie rozczeszesz kołtunów przed kąpielą, po niej będą jeszcze trudniejsze do usunięcia. Do kąpania czworonogów używaj szamponów dla zwierząt lub bezzapachowych szamponów dla dzieci.

* Do czyszczenia zębów (zwierzętom należy czyścić zęby!) używaj specjalnej pasty dla zwierząt, a nie swojej. Zwierzaki nie umieją wypłukać pyska i wypluć piany, a jak inaczej można się pozbyć resztek pasty? Jeśli pupil nie pozwala wyczyścić sobie zębów, możesz kupić specjalne kocie lub psie przysmaki, które usuwają kamień nazębny i dbają o zdrowe dziąsła.
* Aby ochronić drewniane nogi mebli przed pogryzieniem przez psy, posmaruj je olejkiem z goździków, zwłaszcza jeśli masz w domu szczeniaka. Psy nie lubią tego zapachu.
* Jeśli twój kot z upodobaniem ostrzy sobie pazurki na dywanie, nanieś na niego kilka kropli olejku z trawy cytrynowej, który zniechęci szkodnika.
* Włóż na rękę gumową rękawicę, zwilż ją i w ten łatwy sposób zgarnij sierść z tapicerki. Skuteczne są również irchowe ściereczki, ale nie używaj w tym celu tej do mycia okien, bo sierść wyląduje na szybach!
* Przytnij duże kartonowe pudło do około 12,5 cm wysokości i włóż kuwetę do środka. Pudło musi być przynajmniej 15 cm większe od kuwety z każdej strony – im większe, tym lepiej. W ten sposób zapobiegniesz roznoszeniu przez kota żwirku po całym domu.
* Suchą karmę dla zwierząt trzymaj w szczelnych pojemnikach, aby nie zanęcić owadów, a nawet myszy. Producenci karmy dla zwierząt często organizują promocje i do zakupionych produktów dodają puszki na karmę. Miej więc oczy szeroko otwarte przy następnej wizycie w sklepie zoologicznym.

Dobra rada Anthei

Jeśli to tylko możliwe, zdecyduj się na podłogi z litych materiałów (mam takie na całym parterze). W razie małego „wypadku" wystarczy tylko mop i środek dezynfekujący. To o wiele łatwiejsze od czyszczenia dywanu.

Szkodniki i pasożyty

Sposób na usunięcie kleszcza ze skóry zwierząt: posmaruj kleszcza odrobiną denaturatu naniesionego na wacik. Alkohol spowoduje, że pajęczak rozluźni szczęki i będzie go można odczepić. W gabinetach weterynaryjnych można zakupić rewelacyjne narzędzie do usuwania kleszczy. Jest małe, tanie i warte każdego grosza. Jeśli masz problemy z usunięciem kleszcza, lub obawiasz się, że szczęki pasożyta mogły się oderwać i pozostać w skórze zwierzaka, idź z nim do weterynarza.

Nawet zwierzęcy arystokraci mogą złapać pchły, więc bądź na to przygotowana. Jeśli zauważysz jakiekolwiek oznaki obecności pcheł (owady lub ich odchody), zadzwoń do swojej lecznicy – polecą ci skuteczny środek, który powstrzyma inwazję groźnych krwiopijców.

DOBRA RADA

Oto łatwy sposób na rozpoznanie odchodów pcheł. Postaw zwierzaka na gazecie i wyszczotkuj go. Po skończeniu czesania złóż kilka razy papierowy ręcznik kuchenny i zwilż wodą. Przyciskając go do gazety, zbierz kurz i sierść. Odchody pcheł zawierają krew, więc na ręczniku pojawią się czerwone kropki. Jeśli znajdziesz odchody pcheł, nawet gdy samych owadów nie widać, najwyższy czas działać.

Pamiętaj, że nie wystarczy zastosowanie środków przeciwpchelnych i owadobójczych u zwierzęcia. Musisz również zastosować nieszkodliwe dla środowiska preparaty owadobójcze, by unieszkodliwić jaja i larwy pcheł, które mogą się chować w dywanach i wykładzinach. Zanim z jaj wyklują się larwy, mogą minąć nawet dwa lata. Wypierz w gorącej wodzie, albo wymień, legowisko psa lub kota.

Nigdy nie używaj sprayów owadobójczych do spryskiwania zwierzęcia, ponieważ zawierają szkodliwe substancje chemiczne.

Bezpieczeństwo zwierząt

Dużo bezpieczniej jest trzymać zwierzaka w nocy w domu. Jeśli jednak wychodzi na dwór po zmroku, zakładaj mu odblaskową obrożę. Obroża powinna mieć bezpieczne zapięcie, które pozwala zwierzęciu oswobodzić się, jeśli o coś zahaczy.

Jeśli masz balkon, upewnij się, że jest to miejsce bezpieczne dla zwierzęcia, zanim pozwolisz mu na wyprawy poznawcze. Okna na piętrze domu również stwarzają niebezpieczeństwo, zwłaszcza dla kotów, które są w stanie przycupnąć nawet na najwęższych parapetach. Do weterynarzy często trafiają koty poszkodowane na skutek upadku z okna, a w przeciwieństwie do tego, co się powszechnie uważa, koty nie zawsze spadają na cztery łapy.

Małe zwierzęta domowe

Klatki dla małych zwierząt domowych trzeba regularnie czyścić, żeby zapobiec powstawaniu nieprzyjemnych zapachów, oraz by ich mali mieszkańcy byli zdrowi i szczęśliwi.

Co dwa dni należy dokładnie umyć klatkę oraz wymienić podłoże na świeże. Nie wolno dopuścić do tego, by jedzenie zjełczało, i codziennie trzeba wymieniać wodę. Woda z poidełka nie może skapywać na podłoże.

LEKCJA 9
DOMOWE BIURO
Jak zarządzać dokumentami

Efektywne zarządzanie dokumentami dotyczącymi spraw domowych jest bardzo istotne. Nie wolno zapominać o terminowym płaceniu rachunków, umówionych wizytach czy odnowieniu polisy ubezpieczeniowej. Wyobraź sobie, że dom to mała firma, a jeśli ma ona odnieść sukces, należy w odpowiedni sposób przystąpić do działania.

Jeśli pracujesz w domu, potrzebujesz przestrzeni biurowej z prawdziwego zdarzenia. Jeśli nie, wystarczy ci kilka segregatorów i pudełek na dokumenty, miejsce do ich przechowywania i blat do pracy.

Niezbędny natomiast jest domowy dziennik – kluczowe narzędzie operacji „Prowadzenie domu" – oraz terminarz.

Niezależnie od tego, czy wystrój twojego domowego biura jest oszczędny, czy bogaty, najważniejszą kwestią jest stworzenie systemu, który się sprawdzi. Jeśli będzie zbyt skomplikowany, łatwo się do niego zniechęcisz, a stosy papierów będą narastać. Musisz wymyślić system prosty i niezawodny. Łatwo sprawdzić, czy jest odpowiedni dla ciebie. Odpowiedz sobie na pytania: czy mój system organizacji papierów spełnia moje oczekiwania i czy jestem w stanie znaleźć potrzebny dokument bez gorączkowych, półgodzinnych poszukiwań?

Kiedy już zdecydujesz się na sposób organizacji dokumentów, dokładnie je przejrzyj i wyrzuć te, których nie musisz zatrzymać. Włóż wszystkie pozostałe do pudełka i każdego dnia, po trochu, przeglądaj i umieszczaj we właściwym segregatorze.

Prowadzenie domowego archiwum

Są dwa proste sposoby na archiwizowanie rachunków i innych ważnych dokumentów. Potrzebne ci będą:

- pudełka na dokumenty,
- segregatory,
- plastikowe koszulki na dokumenty,
- etykiety samoprzylepne,
- teczki kopertowe zapinane na zatrzaski.

Sposób 1

Do segregatora włóż plastikowe koszulki. Na każdej przyklej etykietę z nazwą kategorii – rachunki za prąd, gaz, telefon, wyciągi bankowe itd. Kiedy zapłacisz rachunek, albo sprawdzisz zgodność wyciągu ze stanem konta, włóż dokument, w porządku chronologicznym, do właściwej koszulki.

Niezapłacone rachunki, pokwitowania transakcji kartą kredytową (do momentu sprawdzenia poprawności wyciągu bankowego) oraz przychodzącą pocztę, którą należy się zająć, wkładaj do plastikowej teczki kopertowej zapinanej na zatrzask. Kiedy tylko zapłacisz rachunek lub w inny sposób zajmiesz się dokumentem, włóż go do odpowiedniej koszulki w segregatorze.

Do drugiego segregatora również włóż koszulki i przechowuj w nich osobno polisy ubezpieczeniowe, dokumenty samochodu, dokumenty dotyczące domu itd. Jeśli masz dużo dokumentów i wiele różnych kategorii, być może przyda ci się jeszcze jeden segregator lub nawet dwa. Na każdej koszulce umieść nalepkę z informacją o zawartości, żeby ułatwić sobie znalezienie właściwej. Możesz też rozdzielić kategorie tekturowymi przekładkami.

Kolejny segregator z koszulkami posłuży do przechowywania instrukcji obsługi oraz kart gwarancyjnych. Segregatory włóż do pudełek archiwizacyjnych, żeby się nie kurzyły.

Sposób 2

Archiwizacja krótkoterminowa:

Do pudełka kartonowego na dokumenty włóż trzynaście teczek kopertowych zapinanych na zatrzaski.

Na dwunastu teczkach umieść nalepki z nazwami kolejnych miesięcy.

Trzynastą teczkę opatrz etykietą z napisem „Podatki". Wkładaj do niej dowody zakupu, których możesz potrzebować, ubiegając się o zwrot podatku.

Kiedy dostajesz pocztą rachunki i przelewy bankowe, wkładaj je do odpowiedniej teczki. Zapłać rachunki w terminie, zapisując na nich datę płatności. Na koniec miesiąca sprawdź, czy zapłaciłaś wszystkie rachunki i czy w wyciągach bankowych nie ma żadnych pomyłek.

Na koniec roku przenieś wszystko do pudełka, w którym długoterminowo przechowujesz dokumenty.

Archiwizacja długoterminowa:

Przygotuj do wyboru: albo kilka skoroszytów, każdy na jedną kategorię dokumentów (np. rachunki za gaz, prąd, wodę, wyciągi bankowe), albo jeden większy segregator z mechanizmem i przekładkami oddzielającymi kategorie. Ułóż rachunki i wyciągi w kolejności chronologicznej, zaczynając od najnowszych. Na koniec roku przenieś tu wszystkie dokumenty z dwunastu teczek, w których zbierasz bieżące ważne papiery.

Polisy i instrukcje obsługi:
W drugim pudełku na dokumenty przechowuj polisy ubezpieczeniowe, dokumenty samochodu, dokumenty dotyczące domu i instrukcje obsługi.

Instrukcję obsługi i gwarancję każdego domowego sprzętu trzymaj w osobnej teczce.

Czego nie archiwizować

Nie znoszę widoku kuchni, w której lodówka i kuchenne szafki są zawieszone papierami. Co jest takiego specjalnego w zaproszeniu na przyjęcie sprzed trzech miesięcy? Na dole umieszczony jest numer telefonu. No jasne. A nie przyszło ci do głowy, żeby zdjąć tę płachtę, a te dziesięć cyfr zapisać w notesie?

- Stare zapiski na skrawkach papieru – przenieś ważne informacje i numery telefoniczne do domowego dziennika. Musisz wyrobić w sobie nawyk zapisywania wiadomości zostawianych przez dzwoniących, w notesie znajdującym się obok telefonu, a nie na skrawku gazety lub na odwrocie koperty. Dzięki temu zawsze łatwo je odnajdziesz.
- Niezamówione przesyłki i ulotki reklamowe natychmiast odkładaj na makulaturę.
- Informacje, które się już zdezaktualizowały, jak zeszłoroczne ceny domów, nieaktualne menu z pizzerii lub katalogi z poprzedniego sezonu bezzwłocznie wyrzuć.
- Gazety lub wycinki z gazet, które twoim zdaniem mogą się kiedyś przydać – zaryzykuj i wyrzuć je. Najprawdopodobniej i tak się nie przydadzą, a podjęte ryzyko jest tego warte – ograniczysz ilość szpargałów.

Ważne dokumenty

Ważne dokumenty, takie jak odpisy aktów urodzenia i małżeństwa, paszporty, akty własności i kopie testamentu będą bezpieczne w ognioodpornej kasetce.

Płacenie rachunków za media

Bezzwłocznie po otrzymaniu faktury za media sprawdź, czy jest poprawna. Jeśli odkryjesz jakieś pomyłki, od razu skontaktuj się z dostawcą mediów i poproś o skorygowanie faktury. Możesz złożyć w banku dyspozycję polecenia zapłaty, żeby nie obawiać się, że zapomnisz zapłacić rachunki.

Jak długo przechowywać dokumenty

Okresy przechowywania poszczególnych dokumentów to:

- w przypadku rachunków za media – dwa do pięciu lat,
- dla wyciągów bankowych – do pięciu,
- dla dokumentów związanych z ubezpieczeniem – polisy ubezpieczeniowe i zmiany warunków ubezpieczenia przez czas ważności polisy; certyfikat ubezpieczenia – dwa do pięciu.

Jak sobie radzić z korespondencją

Przychodzącą pocztą możesz się zajmować codziennie lub raz w tygodniu. Jeśli zdecydujesz się zajmować nią codziennie, wystarczy ci na to po prostu kilka wolnych chwil. Jeśli jednak wybierzesz drugie rozwiązanie, będziesz musiała dokładnie zaplanować sobie czas. Wystarczy jeden raz opuścić cotygodniowe przeglądanie korespondencji, a zacznie nanarastać w zastraszającym tempie. Ani się obejrzysz, a dostaniesz słone kary za nieterminowe opłacanie rachunków.

Jeśli wolisz zająć się korespondencją raz w tygodniu, bezzwłocznie oddzielaj i odkładaj na makulaturę niezamówione przesyłki reklamowe. Otwieraj wszystkie listy od razu po ich otrzymaniu, by sprawdzić, czy któryś nie wymaga natychmiastowej reakcji. Pozostałe włóż do przezroczystej teczki kopertowej, która trafi do domowego archiwum do momentu cotygodniowego zajmowania się korespondencją.

Listy, które należy wysłać, kładź w pobliżu drzwi wyjściowych z domu, aby następna wychodząca z domu osoba wzięła je i wrzuciła do skrzynki.

DOBRE RADY

- Wyprostuj listy i wyciągi bankowe, zanim je odłożysz do domowego archiwum. Jeśli będą złożone, papier na załamaniach się osłabi.
- Otwierając przychodzącą pocztę, trzymaj pod ręką mały zszywacz, aby móc od razu zszyć luźne kartki.

Organizacja domowego biura

Jeśli nie masz wolnego pokoju, który można przeznaczyć na domowe biuro, musisz wybrać odpowiednie miejsce do pracy. Może to być zwykła szafka na dokumenty i trochę miejsca przy kuchennym stole.

Jeśli postanowisz urządzić kącik biurowy w jednym z pokoi, postaraj się, by jak najmniej rzucał się w oczy. Na biurku nie mogą leżeć papiery – system pudełek i szafek na dokumenty pozwoli ci je uprzątnąć. Niezależnie od miejsca pracy, musi ono być dobrze oświetlone.

Stanowisko do pracy możesz stworzyć niewielkim kosztem, kładąc płytę laminowaną na dwóch szafkach na dokumenty. Szafki zapewnią ci mnóstwo miejsca na przechowywanie papierów. Płyta musi być przymocowana do szafek lub do ściany, aby powstałe biurko było stabilne. Inne niedrogie rozwiązanie to biurko narożne, które zajmuje mniej miejsca.

Stoliki komputerowe są praktyczne, ale zazwyczaj mniejsze niż tradycyjne biurka. Są zaprojektowane specjalnie na komputery i urządzenia peryferyjne, nie pozostawiają więc wiele miejsca do pracy i na przechowywanie rzeczy.

Niezależnie od tego, jakie rozwiązanie wybierzesz, blat biurka musi być umieszczony na odpowiedniej dla ciebie wysokości, zwłaszcza jeśli będziesz przy nim spędzać dużo czasu. Potrzebne jest również wygodne krzesło o regulowanej wysokości, aby uchronić cię przed bólem kręgosłupa.

Domowy dziennik

Na pokładzie statku prowadzi się dziennik pokładowy; dom także powinien mieć swój dziennik.

Prowadzenie dobrze zorganizowanego dziennika pozwoli ci zebrać w jednym miejscu wszystkie informacje o domu i domownikach, zaoszczędzi ci też wielu godzin gorączkowych poszukiwań numerów telefonicznych i innych informacji.

Wystarczą jedynie:

* kolorowy segregator formatu A4 lub A5 – tak, aby od razu można go było rozpoznać i w razie potrzeby dołożyć więcej kartek,
* przekładki do segregatora,
* spora ilość papieru w linię,
* ołówek,
* gumka do wycierania,
* długopis,
* pudełko na dokumenty do przechowywania dziennika, ołówka, długopisu i gumki, żeby zawsze były pod ręką, kiedy są potrzebne.

Teraz musisz tylko podzielić segregator na działy tematyczne i każdy oddzielić przekładką.

Zawartość dziennika domowego zależy od tego, jak skomplikowana jest organizacja twojego domu, ale oto kilka propozycji pochodzących z mojego własnego dziennika:

* kompletny spis telefonów alarmowych,
* spis przydatnych numerów, pod które często dzwonisz w sprawach domowych i rodzinnych – numery telefonów do kina, na basen, do biblioteki, hydraulika, elektryka itd.,
* numery telefonów i adresy członków rodziny,
* osobny dział dla każdego domownika, z miejscem na numery telefonów do pracy, szkoły, klubów itd. i na notatki,
* dział „Ważne daty", gdzie zapiszesz daty urodzin, rocznic, terminy szczepień dzieci i zwierząt, odnowienia polisy, koniecznych przeglądów sprzętów domowych itd.,
* numery telefonów do serwisantów, mechaników, czyścicieli okien itd., z usług których często korzystasz,
* spis domowych urządzeń, odbiorników telewizyjnych, komputerów itd., oraz ich numery seryjne (a także, jeśli pamiętasz, daty zakupu).

Jeśli znajdziesz kilka wolnych minut, możesz rozszerzyć swój dziennik o dział z podstawowymi informacjami na temat twojego domu i jego wystroju. Mogą się przydać w trakcie zakupów do domu, zwłaszcza podczas posezonowych wyprzedaży.

* Zapisz wymiary wszystkich pokojów i okien. (Pamiętaj o tym, żeby skopiować te strony, by móc je ze sobą zabrać na zakupy).
* Przechowuj skrawki dywanów, wykładzin, tkanin obiciowych, zasłon itd. (Włóż je do plastikowej koszulki umieszczonej na końcu dziennika).
* Zanotuj numery farb i tapet, użytych do wykończenia pokoi.

Warto zrobić kilka kopii strony z numerami alarmowymi i rozdać je wszystkim domownikom. Jedną kopię zawsze trzymaj w torebce, jedną powieś na tablicy informacyjnej lub po wewnętrznej stronie drzwiczek kuchennej szafki, a jedną trzymaj w apteczce.

Telefony alarmowe

Umieść w domowym dzienniku spis telefonów alarmowych.

Spis powinien obejmować telefony do:

* dostawców gazu, prądu i wody,
* elektryka,
* hydraulika,
* montera z uprawnieniami gazowymi (jeśli masz w domu urządzenia gazowe),
* przychodni oraz na nocny dyżur,
* dentysty,
* najbliższego szpitala, przy którym jest pogotowie ratunkowe,
* najbliższej apteki (farmaceuci mogą udzielić porady medycznej),
* przychodni dla zwierząt,
* członków najbliższej rodziny,
* korporacji taksówkowej,
* urzędu gminy itp.

Rodzinny terminarz

Co roku kupuj terminarz – taki, jaki najbardziej ci odpowiada. Najpopularniejsze są te z jednym dniem lub jednym tygodniem na stronie. Ścienny kalendarz kuchenny marnej jakości nie jest dobrym rozwiązaniem dla sporej rodziny.

Na początku roku oraz wtedy, gdy dowiadujesz się o nowych terminach, wpisuj do kalendarza ważne daty.

* Daty urodzin oraz rocznic, o których nie wolno zapomnieć. Warto zapisać w terminarzu przypomnienie na dwa tygodnie przed ważną datą, abyś zdążyła kupić kartkę z życzeniami lub prezent.
* Terminy odnowienia ubezpieczenia – również warto zapisać przypomnienie na dwa tygodnie przed ich upływem.
* Terminy szczepień (członków rodziny oraz czworonogów).
* W miarę upływu czasu dopisuj do terminarza daty wizyt, przypomnienia, zaproszenia itp. Uwzględniaj wszystkich członków rodziny, żeby wiedzieli, co kto robi.

Dobra rada Anthei

Zapisane ołówkiem numery telefonów łatwiej zmienić, a dziennik nadal pozostanie estetyczny.

Niezamówione przesyłki reklamowe

Jeśli drażni cię ilość przesyłek reklamowych trafiających do twojej skrzynki, skontaktuj się ze Stowarzyszeniem Marketingu Bezpośredniego. Możesz tam złożyć wniosek o wpisanie na Listę Robinsona, czyli listę osób, które nie życzą sobie, by do ich skrzynek trafiały niezamówione przesyłki adresowe o charakterze promocyjno-reklamowym. Więcej informacji na temat Stowarzyszenia Marketingu Bezpośredniego uzyskasz pod numerem telefonu 0-22 696-57-64 lub na stronie www.smb.pl.

Irytować mogą również telefoniczne badania opinii publicznej. Jeśli ciebie też drażnią, skontaktuj się z Organizacją Firm Badania Opinii i Rynku pod numerem 0-22 648-45-17 i poproś o wpisanie na Listę Robinsona. Więcej informacji znajdziesz na stronie www.ofbor.pl.

Podjęcie tych kroków nie będzie oznaczało końca niechcianych przesyłek i irytujących telefonów, ale powinno znacząco zmniejszyć ich liczbę.

DOBRA RADA

Jak zaoszczędzić pieniądze

Co roku sprawdzaj ofertę dostawców mediów i usług. Być może zmiana dostawcy prądu, operatora telefonicznego (stacjonarnego i komórkowego) lub dostawcy telewizji kablowej i satelitarnej przyniesie oszczędności. Taryfy operatorów telefonicznych możesz porównać na stronie www.telix.pl, a ceny energii na stronie www.cenyenergii.pl. Regularnie też sprawdzaj, czy twoje konto oszczędnościowe gwarantuje ci najwyższe na rynku oprocentowanie.

Praca w domu

Coraz więcej osób decyduje się na pracę w domu. Eliminuje ona stres związany z dojeżdżaniem do pracy, a także ułatwia łączenie życia zawodowego i rodzinnego, choć bez wątpienia potrzeba dużej dyscypliny, by rozdzielić te dwie sfery.

Idealnym rozwiązaniem, jeśli pracujesz w domu, jest przeznaczenie na domowe biuro osobnego pokoju – na koniec dnia możesz zamknąć drzwi i zapomnieć o pracy.

Jeśli masz wolny pokój, w którym możesz urządzić biuro, postaraj się, by był on nie tylko funkcjonalny, ale również wygodny oraz łatwy do utrzymania w porządku i czystości. Sama zadbaj o dobrą organizację pracy i pod koniec każdego dnia pracy poświęć kilka minut na uporządkowanie biurka oraz zarchiwizowanie dokumentów. Znacząco ułatwi ci to poranny powrót do pracy.

Biurko

Rozważ ustawienie biurka: wolisz pracować przodem do okna, tyłem do drzwi, a może przodem do nich? Ustaw biurko tak, aby jak najlepiej wykorzystać naturalne oświetlenie.

Wybór biurka i sposób ustawienia mebli biurowych zależy od rodzaju wykonywanej pracy, sposobu, w jaki pracujesz oraz ilości dostępnego miejsca. Wielu ludziom odpowiada biurko w kształcie litery L; w ten sposób na jednym z blatów mogą ustawić komputer, a na drugim rozłożyć papiery, nad którymi aktualnie pracują. Nie musisz robić na zamówienie biurka w takim kształcie. Wystarczy małe biurko i dostawiony do niego pod kątem prostym stolik.

Bardziej wygodne są biurka, które są szerokie, a nie głębokie. Wszystkie rzeczy znajdujące się na biurku są wówczas łatwo dostępne i nie trzeba co chwila wstawać, by sięgnąć po coś leżącego w głębi. Potężne biurka wyglądają imponująco, ale zazwyczaj mają niewiele przestrzeni do przechowywania, są niefunkcjonalne jako stanowiska komputerowe, no i, aby móc sięgnąć we wszystkie ich rogi, trzeba by mieć ręce długie jak goryl.

Dobra rada Anthei

Zapobiegaj kradzieży danych osobowych

Zawsze niszcz listy, koperty, rachunki i wyciągi, które zawierają dane osobowe – w tym imię, nazwisko i adres – aby ustrzec się przed ich kradzieżą. Ręczne niszczarki kosztują zaledwie około 40 zł, a niewielką niszczarkę mechaniczną można kupić już od 100 zł. To wydatek, który się opłaca.

Sztuka organizowania biurka

Twoim celem jest możliwość znalezienia wszystkiego w krótkim czasie. Zaplanuj więc starannie stanowisko pracy i upewnij się, że każda rzecz znajdzie swoje miejsce.

Musisz mieć pod ręką:

- telefon,
- kalkulator,
- kalendarz biurkowy oraz notes na adresy i telefony,
- nóż do papieru,
- gumki recepturki,
- spinacze do papieru,
- długopisy i ołówki,
- nożyczki,
- taśmę klejącą,
- linijkę,
- zszywacz do papieru,
- papier,
- koperty,
- znaczki,
- etykiety samoprzylepne.

W pobliżu biurka powinny się znaleźć:

- zegar,
- kalendarz,
- kartoteka biurowa,
- kartoteka domowa,
- literatura źródłowa,
- słownik,
- komputer,
- drukarka,
- kosz na śmieci,
- szafki na przechowywanie rzeczy (w większości biur potrzeba więcej powierzchni na przechowywanie, niż oferują standardowe biurka).

Rozważ nabycie poniższych mebli:

- niewielkie szafki na dokumenty na kółkach – łatwo je przesunąć, a w razie potrzeby można na nich coś postawić,
- wąskie, wysokie regały na książki,
- półki,
- szafki-kostki.

Przydadzą się także:

- pojemnik na papier, dzięki któremu papier do drukarki nie będzie pomięty,
- pojemnik na nożyczki, długopisy, ołówki, linijkę itd.,
- podstawka na listy, gdzie ułożysz papiery, nad którymi aktualnie pracujesz,
- tablica informacyjna, do której przyczepisz karteczki z przypomnieniami i często używane numery telefonów.

DOBRE RADY

- Jeśli pracujesz w domu, każdego dnia zostaw sobie kilka minut na zajęcie się na bieżąco domową robotą papierkową. Domowa kartoteka powinna być oddzielona od biurowej.
- Drugich stron zadrukowanych kartek używaj w charakterze brudnopisu. Ogranicz zużycie drogiego tuszu do drukarek – drukuj strony w średniej, a nie najwyższej jakości.
- Zużyte koperty i folię bąbelkową przechowuj w pudełku i wykorzystuj powtórnie.
- Oddawaj zużyty papier na makulaturę lub tnij go w niszczarce i używaj do pakowania delikatnych przedmiotów.

Praca przy komputerze

Pracując w domu, zapewne spędzasz wiele godzin przed ekranem komputera. Dlatego też ważne jest to, by fotel i klawiatura były ustawione na odpowiedniej wysokości oraz żebyś robiła regularne przerwy, które zapobiegną bólom kręgosłupa, głowy oraz zmęczeniu oczu.

Pamiętaj:

- Absolutnie niezbędny jest dobry fotel biurowy: taki, który daje podparcie plecom i który można ustawić na odpowiedniej wysokości. Stopy powinny płasko spoczywać na podłodze – jeśli nie możesz dosięgnąć do podłogi, podłóż pod stopy grubą książkę telefoniczną.
- Pracując przy komputerze, rób sobie co pół godziny krótką przerwę. Wstań i przejdź się trochę (to świetny moment na obranie ziemniaków lub nastawienie prania).
- Aby dać odpocząć oczom, co kwadrans odwróć wzrok od ekranu i skoncentruj go na jakimś odległym przedmiocie.

Tajniki efektywnej pracy w domu

- Zadbaj o dobry początek dnia. Znajdź czas na śniadanie, a jeśli nie musisz odwozić dzieci do szkoły, przez dziesięć minut poćwicz lub wyjdź na krótki spacer na świeżym powietrzu, nim zabierzesz się do pracy.
- Przed rozpoczęciem pracy zrób listę celów na każdy dzień i rozmów telefonicznych, które musisz wykonać.
- Jeśli tęsknisz za osobistym kontaktem z ludźmi i plotkami przy automacie do kawy, planuj spotkania poza biurem. Jeśli w twojej pracy nie ma miejsca na spotkania, raz w tygodniu zaplanuj jedno spotkanie niezwiązane z pracą, np. szybką kawę albo lunch z przyjaciółką.
- Wyznacz sobie stałe godziny pracy i trzymaj się ich. Masz prawo do życia towarzyskiego i rodzinnego. Jasno daj do zrozumienia kolegom, że nie życzysz sobie telefonów służbowych wieczorami lub w weekendy.

E-maile

- E-maile są fantastycznym środkiem komunikacji, ale łatwo się od nich uzależnić. Nie stań się niewolnicą swojej skrzynki odbiorczej.
- Nie musisz odpowiadać na e-maile od razu po ich otrzymaniu. Wyznacz sobie priorytety.
- Odpowiedzi na e-maile powinny być zwięzłe – nie ulegaj pokusie pisania obszernych listów do osób, które ledwo znasz, tylko po to, by twój e-mail wydawał się bardziej życzliwy.
- Załóż katalog na przechowywanie e-maili, które mogą ci się jeszcze przydać. Raz w miesiącu usuń te, które nie są już potrzebne.
- Zainstaluj ochronę antyspamową, by ograniczyć liczbę niepożądanych wiadomości w skrzynce. Natychmiast usuwaj spam, który przedostanie się przez filtr.
- Nigdy nie otwieraj załączników od nieznanych ci nadawców.
- Nigdy nie podawaj danych osobowych w e-mailach.
- Nie odpowiadaj na *phishing*, czyli e-maile, w których jesteś proszona o kliknięcie na link prowadzący do strony internetowej i wprowadzenie danych osobowych, np. haseł. Takie e-maile są często rozpowszechniane przez oszustów, starających się ukraść dane osobowe.
- W skrzynce odbiorczej pozostawiaj tylko te e-maile, które wymagają uwagi.
- Pamiętaj, że komputer można wyłączyć!

LEKCJA 10

KONSERWACJA I NAPRAWY

Jak dbać o ubrania, buty i meble

Jeśli twoje buty, ubrania, bielizna pościelowa, meble i tapicerka są utrzymywane w dobrym stanie, zaoszczędzisz czas i sporo pieniędzy. Większość drobnych napraw można załatwić szybko i sprawnie, jeśli zabierzesz się do nich od razu. Ze względów bezpieczeństwa naprawy związane z elektrycznością, gazem lub wodą zostaw jednak fachowcom.

Dbanie o ubrania

Nie musisz być mistrzynią krawiecką, aby poradzić sobie z bieżącymi naprawami. Są one w większości drobne – nie warto nawet wyciągać maszyny do szycia – i łatwo wykonać je ręcznie. Opanuj sztukę przyszywania guzików, szycia szwem prostym i podkładania brzegu, a poradzisz sobie z większością poprawek krawieckich.

Jeśli regularnie przeglądasz odzież, przyszywasz luźne guziki i podszywasz odprute obrębki, nigdy nie będziesz w ostatniej chwili gorączkowo poszukiwać igły i nitki do naprawy ubrania. Agrafki i taśma klejąca mogą być użyte jedynie w sytuacjach awaryjnych poza domem!

Podstawowy zestaw krawiecki:

* zestaw igieł różnej wielkości,
* nawlekacz do igieł,
* nierdzewne szpilki,
* ostre nożyczki,
* przyrząd do rozpruwania szwów,
* miarka krawiecka,
* nici do szycia – w kolorze czarnym, białym, beżowym, szarym, granatowym i czerwonym,
* kordonek do przyszywania guzików – czarny, biały i beżowy,
* naparstek,
* bawełniana tasiemka – biała i czarna (zrobisz z niej pętelki do wieszania ubrań i ręczników),
* taśma do podkładania materiału na gorąco (można z jej pomocą naprawić dziurawe kieszenie).

DOBRE RADY

- Kiedy tylko zauważysz, że guzik ledwo się trzyma, odetnij go, zanim odpadnie i się zgubi. Od razu go przyszyj lub schowaj w bezpiecznym miejscu. Wymiana wszystkich guzików z powodu zagubienia jednego to strata czasu i pieniędzy.
- W przyborniku krawieckim umieść plastikowy pojemniczek, do którego będziesz wkładać zapasowe guziki, dołączane do nowych ubrań. W ten sposób zawsze łatwo je odnajdziesz.
- Guzik z czterema dziurkami przyszywaj dwiema nitkami – każdą parę dziurek osobno. Jeśli nawet jedna nitka puści, druga utrzyma guzik na miejscu, aż znajdziesz chwilę na przyszycie go na nowo.
- Jeśli masz problemy z przewleczeniem postrzępionej nitki przez ucho igły, spryskaj lakierem do włosów kciuk i palec wskazujący, i przeciągnij pomiędzy nimi nitkę, żeby ją usztywnić.
- Plastikowy pojemnik z przegródkami na sztućce pozwoli zachować porządek w szufladzie, w której trzymasz przybory krawieckie. Doskonale się nadaje do przechowywania szpulek z nićmi.
- Szpilki lepiej się utrzymają w śliskich tkaninach, jeśli przed użyciem wbijesz je w kostkę mydła.
- Wszyj rzepy w wewnętrzną kieszeń bluzy lub kurtki, w której twoje dziecko chodzi do szkoły. Będzie miało bezpieczne miejsce na pieniądze lub bilet miesięczny.
- Niewielki magnes przechowywany w przyborniku krawieckim ułatwi ci pozbieranie rozsypanych szpilek.
- Aby szybko wymienić rozciągniętą gumę w pasku, rozetnij ją, do jednego końca przywiąż nową gumkę i wyciągnij starą, pociągając za drugi koniec. W ten sposób łatwo przewleczesz nową gumę. Teraz pozostaje ci tylko odciąć starą gumę i zszyć oba końce nowej.
- Agrafki nawlecz na wyciorek do czyszczenia fajki i zwiąż oba jego końce. Przechowuj w przyborniku, tak byś w razie potrzeby wiedziała, gdzie je znaleźć.

Dobra rada Anthei

Nie czekaj, aż w twoich ubraniach pojawią się dziury wygryzione przez mole. Odetnij stopy starych rajstop i włóż do środka kilka liści laurowych lub trochę wiórków cedrowych. Powieś je w szafie, by odstraszyć mole. Pamiętaj: jeśli będziesz z tym zwlekać aż do momentu, kiedy mole zaczną fruwać w szafie, będzie już za późno. To larwy moli wygryzają dziury w ubraniach.

Konserwacja obuwia

Dołóż wszelkich starań, by twoje buty zawsze były wyczyszczone i wypastowane – jeśli o nie zadbasz, będą ci dłużej służyły.

Staraj się nie nosić tej samej pary butów dwa dni z rzędu. Jeśli codziennie musisz wkładać te same buty, na przykład jako część munduru, zainwestuj w drugą parę i noś je na przemian. Obie pary dłużej ci posłużą.

Regularnie sprawdzaj stan obcasów i podeszew, i naprawiaj je, zanim but ulegnie uszkodzeniu.

Pleśń bardzo szybko atakuje obuwie, nigdy więc nie wstawiaj do szafki wilgotnych lub brudnych butów; zawsze najpierw je osusz i wyczyść.

DOBRE RADY

- Po zakupieniu nowych butów zaimpregnuj je preparatem odpowiednim do rodzaju skóry. Noszone już buty, wymagające impregnowania, najpierw wyczyść.
- W nagłych przypadkach użyj gąbki do czyszczenia butów nasączonej pastą (można ją kupić w supermarketach).
- Jeśli skończy ci się pasta do butów, możesz ją zastąpić woskiem do podłóg lub pastą do polerowania mebli. Używaj tylko na skórzanych butach.
- Skórzane buty można wyczyścić wewnętrzną stroną skórki od banana. Po wyschnięciu nie trzeba ich nawet polerować.
- Klamerki od butów wyczyścisz miękką szczoteczką do zębów.
- Zabrudzenia z obcasów białych szpilek usuniesz, przecierając je niewielką ilością zmywacza do paznokci.
- Zabrudzenia z zamszowego obuwia usuniesz czystą gumką do wycierania.
- Zamszowe buty potrzymaj przez chwilę nad parą z gotującego się czajnika – ten zabieg spowoduje podniesienie się włosia.
- Lakierowanej skórze przywrócisz blask, nanosząc na buty odrobinę oliwki dla niemowląt lub oleju roślinnego. Wypoleruj buty papierowym ręcznikiem kuchennym.
- Czyszcząc sandały, nałóż na rękę plastikową torebkę, żeby nie pobrudzić skóry podczas pastowania.
- Wilgotne buty powinny wyschnąć w sposób naturalny. Skóra suszona zbyt szybko, na kaloryferze lub przy ogniu, może stwardnieć i popękać.
- Plamy z soli po zimie usuniesz miękką szmatką zanurzoną w roztworze jednej łyżki stołowej octu w szklance wody.
- Zadrapania na białych butach zamaluj przed czyszczeniem korektorem w płynie. Jeśli uda ci się nabyć korektor w kolorze kremowym, możesz w ten sam sposób odświeżyć kremowe buty.

- Przed zawiązaniem przetrzyj sznurowadła wilgotną ściereczką, a nie będą się bezustannie rozwiązywać.
- Zadrapania na kolorowych butach zamaluj kredką do usuwania rys z karoserii. Po wyschnięciu wypastuj jak zwykle.
- Trampki i obuwie sportowe można wyczyścić szczoteczką do zębów zwilżoną w płynie do prania dywanów.

Pielęgnacja mebli

Większość produkowanych obecnie mebli jest wykonana z płyt pokrytych sztuczną okleiną lub płyt laminowanych. Wystarczy tylko przetrzeć je wilgotną szmatką i od czasu do czasu dokręcić poluzowaną śrubkę. Natomiast meble wykonane z litego drewna oraz cenne antyki należy pielęgnować we właściwy sposób, żeby przetrwały jak najdłużej.

Niezależnie od materiałów, z jakich są wykonane, wszystkie meble są podatne na uszkodzenia. Nie wszystkie natomiast można naprawić lub odnowić, należy więc w miarę możliwości zapobiegać powstawaniu szkód.

Najczęstszymi przyczynami uszkodzeń mebli są: ciepło, światło, wilgoć, rozlane płyny, wywrotki i przypalenia. Mebel może ulec zniszczeniu, jeśli stoi zbyt blisko kaloryfera lub otwartego ognia, w ostrym świetle lub w wilgoci.

Pielęgnacja drewnianych mebli

Meblom z litego drewna źle służy bezpośrednie światło słoneczne, wilgoć (jeśli gdzieś w mieszkaniu pojawi się wilgoć, od razu przystąp do jej usuwania) oraz sąsiedztwo otwartego ognia i kaloryferów.

Żeby zapobiec uszkodzeniom powstałym po rozlaniu płynów, zabezpiecz wierzch mebli obrusem lub taflą szkła. Zaopatrz się w sporą liczbę podstawek pod szklanki z napojami i butelki. Jeśli to możliwe, bezzwłocznie usuwaj plamy z mebli.

Dobra rada Anthei

Przy małych dzieciach w domu warto zainwestować w nadające się do prania narzuty na fotele i sofę. Kiedy przestaniesz się zamartwiać o plamy pozostawione przez dzieci, cała rodzina wraz z tobą odetchnie z ulgą.

Jedna z moich przyjaciółek, mama małych dzieci, kupiła na swój komplet wypoczynkowy białe narzuty z mocnej bawełny. Niektórzy uważali, że postradała zmysły, ale w rzeczywistości to rewelacyjny pomysł. Kiedy narzuty się zabrudzą, po prostu wrzuca je do pralki, a co więcej, jeśli pojawi się jakaś trudna do wywabienia plama, można je wybielić.

Jak samodzielnie przyrządzić wosk do pielęgnacji mebli

150 g naturalnego wosku pszczelego
300 ml terpentyny
słoik po dżemie z nakrętką
20 kropli olejku lawendowego lub cytrynowego (dowolnie)

1 Zetrzyj wosk na tarce (jeśli jest zbyt twardy, podgrzewaj go przez kilka sekund w kuchence mikrofalowej).
2 Włóż utarty wosk do starej miski i postaw nad garnkiem z gorącą (NIE gotującą się) wodą. Ciepła para powoli rozpuści wosk. Mieszaj wosk dopóki się nie roztopi.
3 Dodaj terpentynę i olejek lawendowy bądź cytrynowy i dobrze wymieszaj.
4 Przelej pastę do puszki lub słoika z nakrętką i zostaw do wystygnięcia. Zamknij. Tak przygotowana pasta ma nieograniczony termin ważności.

DOBRE RADY

- Użyj miękkiego pędzla malarskiego, żeby odkurzyć misterne rzeźbienia i elementy dekoracyjne zdobiące meble.
- Aby usunąć stare warstwy pasty z drewnianych mebli, użyj roztworu octu z wodą.
- Naklejony na drewniane meble papier usuniesz, nasączając go niewielką ilością oliwki dla niemowląt. Po paru minutach papier powinien dać się łatwo odlepić.
- Jeśli wyplatane siedzenie krzesła zaczyna się zapadać, dokładnie zmocz je gorącą wodą i zostaw do wyschnięcia na słońcu. Naprawę lub renowację zabytkowych krzeseł z wyplatanymi siedzeniami pozostaw jednak specjalistom.
- Szuflady będą się lekko wysuwać, jeśli natrzesz ich prowadnice mydłem lub kawałkiem świecy.

Konserwacja skóry

Skóra jest popularnym pokryciem mebli wypoczynkowych, ponieważ jest jednocześnie delikatna i wytrzymała. Niewiele potrzeba, by utrzymać ją w dobrym stanie przez wiele lat. Zawsze stosuj się do zaleceń producenta dotyczących pielęgnacji skóry. Jeśli musisz usunąć plamę, najpierw wypróbuj stosowny preparat w niewidocznym miejscu.

Kurz ze skórzanych mebli wytrzyj szmatką zanurzoną w roztworze płatków mydlanych i bardzo dobrze wyżętą, aby była ledwo wilgotna. Raz lub dwa razy do roku zastosuj specjalny środek do pielęgnacji skórzanej tapicerki, który nada jej miękkość.

Pielęgnacja mebli tapicerowanych i zasłon

Zasłony i meble tapicerowane dobrej jakości są drogie, należy więc regularnie je czyścić i dbać o nie, żeby przedłużyć ich trwałość.

Wypróbuj poniższe rady

* Regularnie usuwaj kurz z mebli tapicerowanych za pomocą odkurzacza.
* Bezzwłocznie usuwaj plamy.
* Jak najszybciej łataj wytarte miejsca.
* Tapicerka może zostać podarta sprzączkami od butów, wprowadź więc do domu nakaz zmieniania obuwia na domowe.
* Poduszki oparcia sofy regularnie przekładaj, żeby się zużywały równomiernie.
* Jeśli masz zwierzęta, przykryj meble narzutami.

Pielęgnacja pokryć winylowych

Winylowe i plastikowe pokrycia mebli wyczyść szmatką zamoczoną w ciepłej wodzie z płatkami mydlanymi. Nie używaj detergentów, ponieważ mogą zmienić kolor obić.

Pielęgnacja mebli wyplatanych i rattanowych

Meble wyplatane i rattanowe można dobrze odkurzyć i umyć ciepłą wodą z płatkami mydlanymi. Opłucz je i wysusz na słońcu.

Dobra rada Anthei

Czym but za młodu nasiąknie
Masz problem z nieprzyjemnym zapachem, wydzielanym przez sportowe obuwie lub kozaki?

Oto rozwiązanie: do starych skarpetek wsyp niezużyte resztki herbaty liściastej, dodaj kroplę lub dwie ulubionego olejku eterycznego, i włóż je, spięte gumką, do butów. To naprawdę działa, daję słowo.

Pielęgnacja szkła i kryształów

Nawet jeśli rzadko używasz naczyń ze szkła lub kryształu, od czasu do czasu należy je myć w gorącej wodzie z mydłem, inaczej osiadający na nich kurz odbierze im blask.

Delikatne wyroby ze szkła myj tylko ręcznie w plastikowej misce. Nigdy nie wkładaj ich do zmywarki, ponieważ silnie działające detergenty mogą je uszkodzić. Kieliszki do wina należy przechowywać w pozycji stojącej, nie do „góry nogami", żeby uniknąć zapachu stęchlizny.

DOBRE RADY

- Do pustej karafki włóż saszetkę pochłaniającą wilgoć (takie saszetki są często wkładane do nowych torebek) – zapobiegnie to powstaniu stęchłego zapachu i wchłonie wilgoć.
- Myjąc szklane naczynia, do ostatniego płukania dodaj kilka paseczków skórki z cytryny. Nada im piękny połysk.

Skrzynka na narzędzia

Nawet jeśli majsterkowanie nie jest twoim hobby, warto mieć w domu podstawowy zestaw narzędzi niezbędnych do wykonania drobnych napraw: wbicia gwoździa, przetarcia papierem ściernym opornej szuflady, czy wkręcenia śrubki.

Podstawowy komplet narzędzi:

- wytrzymałe rękawice ochronne,
- gogle ochronne,
- śrubokręt płaski,
- śrubokręt krzyżakowy,
- papier ścierny (o różnej grubości ziaren),
- młotek stolarski,
- taśma malarska,
- klucz nasadowy,
- kombinerki,
- szydło płaskie (zaczniesz nim robić dziurkę, a potem łatwiej wkręcisz śrubkę),
- nóż z wysuwanym ostrzem trapezowym,
- taśma miernicza,
- zestaw gwoździ i wkrętów,
- motek sznurka,
- smar.

Przydatne, ale niekonieczne są:

- wkrętarka elektryczna,
- wiertarka elektryczna (czy wiesz, że można kupić nawet modele zaprojektowane specjalnie dla dziewczyn?).

LEKCJA 11

USUWANIE PLAM

Jak pozbyć się nawet najbardziej opornych plam

Tajemnicą kryjącą się za skutecznym usuwaniem plam jest SZYBKOŚĆ DZIAŁANIA. Plamy łatwiej wywabić, zanim dobrze wnikną w tkaninę i wyschną. Różne plamy wymagają różnego postępowania, więc przygotowałam krótki przewodnik od A do Z po plamach, które mogą się pojawiać nawet w najlepiej zorganizowanym domu, i sposobach ich wywabiania.

Niektóre produkowane obecnie wykładziny i dywany są odporne na plamy. W przypadku takich dywanów, jeśli zadziałasz szybko, zaplamione miejsca można po prostu wytrzeć i osuszyć ręcznikiem. W przypadku wszystkich innych dywanów złotą zasadą postępowania w sytuacji, gdy coś się rozleje, jest DZIAŁAJ NATYCHMIAST.

Aby poradzić sobie z większością domowych katastrof, trzymaj pod ręką kilka prostych odplamiaczy. Pamiętaj: jeśli nie wiesz, jak usunąć jakąś plamę, zasięgnij rady specjalisty.

Oto podstawowe składniki awaryjnego zestawu do walki z plamami:

- butelka wody sodowej do namoczenia i rozcieńczania,
- papierowy ręcznik kuchenny, papier toaletowy lub stary ręcznik pocięty na duże kawałki do osuszenia rozlanych płynów przed przystąpieniem do wywabiania plam.

W domu warto również mieć:

- sodę do prania,
- ocet spożywczy,
- cytrynę,
- sól,
- płatki mydlane (do delikatnych tkanin),
- ekologiczny proszek do prania,
- glicerynę,
- boraks,
- wodę utlenioną,
- sodę oczyszczoną.

Kompendium wiedzy o wywabianiu plam

Są trzy podstawowe rodzaje plam:

1 Plamy tłuste – z tłuszczu, oleju, masła, majonezu, smaru do rowerów, oleju silnikowego, tłuste plamy na kołnierzykach.
2 Plamy z białka – z mleka, krwi, moczu, wymiocin, odżywek dla niemowląt.
3 Plamy mieszane (zawierające tłuszcz oraz barwnik) – z tuszu do długopisów, szminki, kredek, czekolady, sosów pomidorowych, pasty do butów.

Jeśli moczysz ubranie w celu usunięcia plamy, zanurz je w wodzie całe, inaczej powstanie nieestetyczna obwódka. Następnie upierz zgodnie z instrukcjami umieszczonymi na wszywce.

Ponieważ wielu tkanin i przedmiotów nie wolno prać, więc aby pozbyć się plam, będziesz musiała uciec się do innych środków.

Awaryjne środki zaradcze

Będąc w domu, możesz od razu przystąpić do wywabiania plam, stosując odpowiednie środki. Jeśli jednak jesteś w restauracji, sprawa staje się bardziej skomplikowana. Gdy kelner wyleje ci na kolana wino lub poplami sosem rękaw bluzki, nie wystarczy wymamrotać pod nosem „Nic nie szkodzi" i wytrzeć plamę papierową serwetką. Poproś o wodę sodową i czystą białą serwetkę z materiału lub ściereczkę, udaj się do toalety i natych-miast zabierz się do usuwania plamy.

Rady dotyczące usuwania plam:

* Nie wkładaj poplamionych rzeczy do gorącej wody, jeśli masz wątpliwości co do pochodzenia plamy i o ile nie jesteś absolutnie pewna, że to właściwa metoda. Wysoka temperatura może utrwalić plamę, więc na wszelki wypadek zastosuj zimną wodę.
* Przestrzegaj wskazówek dotyczących prania znajdujących się na odzieży. Jeśli wszywka ostrzega, że ubranie uszyto z delikatnej tkaniny, podczas wywabiania plam zachowaj ostrożność.
* Jeśli to możliwe, przewróć odzież na lewą stronę. Podłóż pod plamę od spodu – po prawej stronie – ręcznik. Wycierając plamę, wykonuj ruchy od zewnątrz do środka plamy, aby jej nie rozetrzeć i nie spowodować powstania obwódki.
* W przypadku plamy z curry poproś kelnera o cytrynę.

Stosowanie rozpuszczalników

* Przeczytaj instrukcje na rozpuszczalnikach znajdujących się w sprzedaży, by się upewnić, czy jest odpowiedni do danej tkaniny i rodzaju plamy.
* Dobrze przewietrz pomieszczenie, w którym używasz rozpuszczalników.

Wywabianie plam od A do Z

Uwaga: Zanim podejmiesz próbę wywabienia plam z cennych lub wartościowych przedmiotów, zasięgnij rady specjalisty. Wypróbuj poleconą metodę na niewidocznym miejscu, nim zajmiesz się samą plamą.

Antyperspiranty

Tkaniny nadające się do prania: Sporządź pastę z sody oczyszczonej i soli, po czym nałóż na plamę. Spłucz po piętnastu minutach i namocz ubranie w ekologicznym proszku do prania. Upierz jak zwykle.

Tkaniny nienadające się do prania: Oddaj ubranie do pralni, zwracając uwagę na plamy.

Atrament

Tkaniny nadające się do prania: Jeśli plama przytrafi się na białej bawełnie, posyp ją solą, potrzyj przekrojoną na pół cytryną, spłucz i upierz. W przypadku tkanin kolorowych namocz plamę w lekko podgrzanym mleku, wypłucz i upierz.

Tkaniny nienadające się do prania: Usuń plamę, delikatnie przykładając do niej ściereczkę zwilżoną denaturatem.

Błoto

Tkaniny nadające się do prania: Odczekaj aż błoto wyschnie i jak najdokładniej wyczyść je szczotką. Upierz ubranie zgodnie z zaleceniami producenta.

Tkaniny nienadające się do prania: Zostaw do wyschnięcia i dokładnie wyszczotkuj błoto. Wyczyść plamę wodą z proszkiem do prania.

Curry

Tkaniny nadające się do prania: Rozpuść ćwierć szklanki boraksu w gorącej wodzie i dodaj do miski z zimną wodą. Mocz tkaninę, dopóki plama nie zniknie, a następnie upierz jak zwykle. Uparte plamy z curry można próbować wywabić, mocząc tkaninę w roztworze wody utlenionej.

Tkaniny nienadające się do prania: Delikatnie pocieraj plamę gąbką zwilżoną w roztworze ciepłej wody i boraksu. Jeśli plama nie zniknie, trzeba będzie oddać ubranie do pralni.

Czekolada

Tkaniny nadające się do prania: Natychmiast usuń tyle czekolady, ile tylko zdołasz. Gąbką nanieś na plamę mieszankę ciepłej wody i boraksu (jedna łyżka stołowa boraksu na pół litra wody) i upierz jak zwykle. Możesz też nanieść na plamę roztwór dwóch łyżek stołowych octu spożywczego w szklance wody. Spłucz ciepłą wodą.

Tkaniny nienadające się do prania: Usuń tyle czekolady, ile zdołasz, i zastosuj odpowiedni odplamiacz, aby usunąć pozostałości.

Czerwone wino

Tkaniny nadające się do prania: Rozłóż płasko ubranie i posyp plamę solą, aby zapobiec jej rozprzestrzenianiu się, a następnie namocz w zimnej wodzie. Jeśli plama nie zejdzie, namocz poplamioną odzież w roztworze boraksu i upierz.

Tkaniny nienadające się do prania: Wyczyść plamę suchą gąbką zanurzoną w wodzie sodowej i jak najdokładniej osusz złożonym ręcznikiem. Powtarzaj, dopóki plama nie zniknie.

Guma do żucia

Tkaniny nadające się do prania: Włóż ubranie do plastikowej torebki, zamknij i umieść w zamrażarce na dwie godziny. Zeskrob stwardniałą gumę. Jeśli pozostanie ślad, namocz w wodzie ze szklanką octu. Upierz jak zwykle.

Tkaniny nienadające się do prania: Schłodź ubranie i zeskrob gumę. Za pomocą szmatki zwilżonej octem spożywczym usuń pozostałości plamy.

Jajka

Plamy z jajka są trudne do usunięcia. Nigdy nie używaj w tym celu gorącej wody, która spowoduje ścięcie się białka i utrwalenie plamy.

Tkaniny nadające się do prania: Usuń jajko z tkaniny i namocz ubranie w roztworze soli (szklanka soli na pół wiadra zimnej wody). Upierz jak zwykle.

Tkaniny nienadające się do prania: Zwilż plamę gąbką zamoczoną w roztworze soli z wodą, a następnie w czystej wodzie. Osusz złożonym ręcznikiem.

Kawa

Tkaniny nadające się do prania: Włóż tkaninę pod zimną bieżącą wodę, a następnie pocieraj plamę ściereczką zwilżoną w roztworze boraksu i wody. Po godzinie upierz jak zwykle.

Tkaniny nienadające się do prania: Gąbką nanieś na plamę mieszankę ciepłej wody i boraksu, osusz. Powtarzaj aż do skutku.

Kredki

Tkaniny nadające się do prania: Delikatnie pocieraj plamę denaturatem, a następnie upierz w wodzie z proszkiem do prania.

Tkaniny nienadające się do prania: Delikatnie pocieraj plamę denaturatem.

Krew

Tkaniny nadające się do prania: Szybko spłucz plamę zimną wodą, a następnie mocz tkaninę kilka godzin w bardzo słonej wodzie. Upierz jak zwykle. Aby usunąć zaschniętą krew, nałóż na plamę pastę zrobioną z boraksu i wody, po czym pozostaw do wyschnięcia. Wyczyść szczotką i upierz. Plama musi zostać całkowicie wywabiona przed praniem, w przeciwnym razie gorąca woda ją utrwali.

Tkaniny nienadające się do prania: Za pomocą gąbki zwilż plamę zimną wodą, a następnie ją osusz. Powtarzaj czynności aż do skutku.

Mocz

Tkaniny nadające się do prania: Namocz ubranie w wodzie z proszkiem, a następnie upierz jak zwykle.

Tkaniny nienadające się do prania: Wytrzyj plamę zimną wodą, a następnie słabym roztworem octu (jedna łyżeczka octu na 500 ml wody).

Owoce

Tkaniny nadające się do prania: Spryskaj plamę wodą sodową, spłucz pod zimną bieżącą wodą. Do miski z gorącą wodą wsyp ćwierć szklanki boraksu i namocz. Upierz jak zwykle.

Tkaniny nienadające się do prania: Za pomocą gąbki zwilż plamę wodą, a następnie roztworem gliceryny (zmieszanej z wodą w stosunku 1:1). Zostaw na godzinę i zmyj gąbką zwilżoną octem spożywczym. Na koniec przetrzyj wilgotną szmatką.

Piwo

Tkaniny nadające się do prania: Namocz tkaninę w zimnej wodzie z połową szklanki octu spirytusowego lub ekologicznym proszkiem do prania. Upierz jak zwykle.

Tkaniny nienadające się do prania: Jak najdokładniej osusz rozlany płyn złożonym ręcznikiem papierowym. Następnie usuń plamę, przykładając szmatkę zwilżoną octem spożywczym, a później czystą, dobrze wyżętą ściereczkę.

Pot
Tkaniny nadające się do prania: Namocz ubranie w wodzie z dwiema łyżkami stołowymi soku z cytryny lub garścią sody do prania. Upierz zgodnie z zaleceniami producenta.

Tkaniny nienadające się do prania: Pocieraj plamę roztworem octu w wodzie.

Smoła
Tkaniny nadające się do prania: Zeskrob smołę jak najdokładniej, uważając, by jej nie rozsmarować. Nanieś na plamę olejek eukaliptusowy. Upierz zgodnie z zaleceniami na wszywce.

Tkaniny nienadające się do prania: Jak najdokładniej zeskrob smołę, zmiękcz plamę gliceryną i doczyść gazem do zapalniczek.

Szminka
Tkaniny nadające się do prania: Wetrzyj w plamę trochę mydła lub płynu do mycia naczyń i pocieraj materiał w dłoniach. Spłucz i upierz.

Tkaniny nienadające się do prania: Zwilż plamę denaturatem.

Tłuszcze
Tkaniny nadające się do prania: Zbierz z tkaniny tłuszcz, starając się nie rozetrzeć plamy. Zwilż olejkiem eukaliptusowym i upierz jak zwykle.

Tkaniny nienadające się do prania: Na delikatną tkaninę nanieś odrobinę olejku eukaliptusowego i upierz ją w niskiej temperaturze. W przypadku tłustych plam na tapicerce, posyp je talkiem. Po kwadransie usuń talk szczotką. Powtórz w razie konieczności.

Trawa
Tkaniny nadające się do prania: Plamę przetrzyj denaturatem, a następnie upierz w wodzie z proszkiem do prania. Plamy na tkaninach z włókien octanowych należy wywabiać gotowym odplamiaczem.

Tkaniny nienadające się do prania: Zmieszaj sól i wodorowinian potasu w równych proporcjach i dodaj niewielką ilość wody, by powstała pasta. Nałóż na plamę i pozostaw do wyschnięcia. Wyszczotkuj. Jeżeli pozostaną ślady zabrudzenia, użyj specjalnego środka do usuwania plam albo oddaj ubranie do pralni.

Tusz z długopisu
Tkaniny nadające się do prania: Podłóż pod plamę złożony ręcznik, zwilż plamę olejkiem eukaliptusowym lub denaturatem. Upierz jak zwykle.

Tkaniny nienadające się do prania: Użyj denaturatu.

(Zamsz: Małą plamkę lekko pocieraj pilnikiem do paznokci).

Jeśli musisz usunąć rozległą plamę z tuszu, warto skontaktować się z producentem długopisów – być może sprzedaje rozpuszczalnik, który wywabi używany przez nich tusz.

Wosk ze świec
Tkaniny nadające się do prania: Jeśli ta część garderoby nie jest na to za duża, włóż ją do plastikowej torebki, zamknij i schowaj do zamrażarki, aby wosk stwardniał. Następnie zeskrob go tępą stroną noża. Pozostałe resztki wosku usuń, kładąc pod plamę i na niej grubą warstwę bibuły albo papier pakowy. Przyciskaj do papieru ciepłe żelazko, dopóki plama nie zniknie. Upierz jak zwykle. Jeśli ubranie nie zmieści się w zamrażarce, od razu zastosuj sposób z papierem i żelazkiem.

Tkaniny nienadające się do prania: Jeśli to możliwe, utwardź wosk za pomocą kostek lodu i zeskrob tyle, ile zdołasz. Pozostały wosk usuń, używając papieru i żelazka (wyżej opisany sposób).

Sztuka usuwania plam z dywanów

Niektóre plamy, pojawiające się na dywanach, wymagają specjalnych starań.

Atrament

Wyczyść plamę denaturatem. Niektóre plamy z atramentu usunie szampon do dywanów. Niestety, większość jest praktycznie nie do usunięcia.

Błoto

Poczekaj, aż błoto ostygnie, odkurz, a jeśli pozostanie ślad, upierz brudne miejsce.

Curry

Spryskaj plamę wodą sodową. Osusz złożonym ręcznikiem i potrzyj plamę szklanką octu winnego zmieszanego z dwiema szklankami wody. Dokładnie osusz. Jeśli plama nie zniknie, wezwij firmę czyszczącą dywany.

Czekolada

Poczekaj, aż czekolada stwardnieje, i zeskrob ją tępą stroną noża. Wyczyść zabrudzone miejsce szamponem do dywanów. Po wyschnięciu wyczyść dywan odkurzaczem.

Czerwone wino

Wysusz wino ręcznikiem. Polej plamę wodą sodową lub białym winem i natychmiast jak najdokładniej zbierz płyn. Powtarzaj, dopóki całkowicie nie usuniesz plamy. Osusz mokre miejsce i wyczyść szamponem do dywanów.

Guma do żucia

Przykryj gumę do żucia foliową torebką z kostkami lodu, żeby stwardniała – tę czynność być może będzie trzeba kilkakrotnie powtórzyć. Niewielką ilością denaturatu na czystej szmatce usuniesz resztki.

Jajka

Zbierz jajko z powierzchni dywanu i wyczyść zabrudzone miejsce zimną słoną wodą. Upierz szamponem do dywanów.

Kawa

Nanieś na plamę wodę sodową, dobrze ją osusz, i powtarzaj te czynności, dopóki plama nie zniknie całkowicie.

Kredki

Przykryj plamę papierem pakowym i przeprasuj, usuwając tłuszcz jak najdokładniej. Wyczyść zabrudzone miejsce szmatką zwilżoną niewielką ilością czystego alkoholu, który usunie pozostałości barwnika zawartego w kredce.

Krew

Wytrzyj plamę zimną wodą lub wodą sodową i osusz ręcznikiem. W razie potrzeby powtórz. Wyczyść zabrudzone miejsce szamponem do dywanów.

Mleko

Dobrze osusz, a następnie upierz zabrudzone miejsce szamponem do dywanów.

Owoce

Spryskaj plamę wodą sodową i jak najdokładniej osusz ręcznikiem. Powtarzaj, dopóki plama nie zniknie.

Plastelina

Jak najdokładniej zeskrob plastelinę, a resztki wytrzyj szmatką zwilżoną czystym alkoholem.

Smoła

Zeskrob smołę najdokładniej, jak zdołasz. Nałóż na plamę roztwór gliceryny i pozostaw na mniej więcej godzinę. Spłucz zimną wodą. Upierz zabrudzone miejsce szamponem do dywanów.

Tłuszcze (olej, masło, margaryna)

Pokryj plamę talkiem. Zostaw na kilka godzin i odkurz. Jeśli pozostaną ślady zabrudzenia, zwilż czystą szmatkę kilkoma kroplami olejku eukaliptusowego i potrzyj plamę.

Tusz z długopisów

Delikatnie potrzyj plamę denaturatem lub mlekiem i octem spirytusowym, zmieszanymi w równych proporcjach. Wyczyść zabrudzone miejsce szamponem do dywanów.

Wosk ze świec

Jeśli wosk jest miękki, zbierz go jak najdokładniej łyżką, a następnie schłódź jego pozostałości, przykładając do plamy torebkę z kostkami lodu. Zbierz stwardniały wosk z włókien dywanu. Jeśli zostaną jakieś resztki, połóż na plamie złożoną bibułę i prasuj ciepłym żelazkiem, dopóki bibuła nie wchłonie całego tłuszczu.

LEKCJA 12
ZMYSŁ KULINARNY
Podstawy przygotowywania potraw

Kuchnia jest dla domu tym, czym maszynownia dla statku – to jednak nie powód, by się godzić na rolę galernika. Już wiesz, że celem Szkoły Gospodarstwa Domowego Anthei Turner jest ułatwienie ci życia, które jest zbyt krótkie, by samej robić domowy makaron! Moje zdroworozsądkowe podejście do kuchni odkryje przed tobą metody na zaoszczędzenie czasu, pieniędzy i sił.

Gotowanie jest dla większości osób jednym z cięższych obowiązków, należy więc wybierać dania szybkie i proste do przyrządzenia. Wystarczy dobrze rozplanować czas, by w ciągu najwyżej pół godziny przygotować smaczny posiłek codzienny, pozostawiając swoje kulinarne arcydzieła na specjalne okazje i weekendy.

Jak najpełniej wykorzystuj oszczędzające pracę urządzenia i drobne sprzęty kuchenne, takie jak opiekacz do kanapek, które wraz z sałatką mogą stanowić szybki lunch lub kolację, lub blender, w którym przygotujesz na śniadanie pokrzepiający koktajl z owoców.

W tej książce jest miejsce jedynie na bardzo powierzchowne informacje na temat gotowania i przyrządzania potraw, skoncentruję się zatem na podaniu mnóstwa dobrych rad, dzięki którym twoja „maszynownia" będzie działać efektywniej. Podsunę ci również sporo prostych sposobów na zaoszczędzenie pieniędzy.

Owoce i warzywa

Owoce i warzywa należy spożywać jak najświeższe, by w pełni wykorzystać zawarte w nich witaminy i składniki mineralne. Te cenne składniki ulatniają się podczas krojenia, więc przygotowuj warzywa i owoce w ostatniej chwili.

Większość warzyw należy przechowywać w ciemnym przewiewnym pomieszczeniu. Różne rodzaje sałaty, grzyby i inne szybko psujące się warzywa można przechowywać w dolnej szufladzie lodówki.

Owoce należy kupować często i szybko spożywać. Jeśli chcesz przetrzymać cytrusy lub twarde owoce dłużej niż kilka dni, zawiń je osobno w gazetę i włóż do kartonowego pudełka, trzymanego w suchej, chłodnej spiżarni.

Banany wydzielają gaz przyspieszający dojrzewanie innych owoców, przez co mogą stać się przejrzałe, zanim zdążysz je wykorzystać. Dlatego banany trzymaj oddzielnie.

Mycie warzyw i owoców

Owoce i warzywa mogą się wydawać czyste, gdy leżą na sklepowych półkach, ale bakterii i substancji chemicznych nie widać gołym okiem. Zanim produkty trafią do twojego koszyka, przejdą przez wiele rąk, a na ich skórce mogą się znajdować pozostałości pestycydów. Zatem niezwykle ważne jest, by myć je przed spożyciem.

* Owoce i warzywa myj pod zimną bieżącą wodą, delikatnie je pocierając.
* Myj wszystkie pakowane warzywa, nawet jeśli na opakowaniu jest informacja, że były myte.
* Skórka niektórych owoców, na przykład cytryn i pomarańczy, prawdopodobnie została nawoskowana, by przedłużyć ich świeżość. Jeśli więc chcesz użyć skórki cytrusów, otartej lub w kawałkach, najpierw starannie je umyj lub kup owoce z uprawy ekologicznej.
* Myj owoce i warzywa przed przygotowaniem, nawet jeśli nie zamierzasz zjeść skórki. Bakterie znajdujące się na skórce można przenieść nożem na owoc lub warzywo podczas krojenia.
* Odrzuć zewnętrzne liście sałaty i kapusty, a pozostałe liście starannie wypłucz.

Produkty przydatne w domowej spiżarni

Jedzenie łatwe do przygotowania nie musi być bezwartościowe. Kiedy masz mało czasu, nie chwytaj za telefon i nie zamawiaj pizzy ani nie wyskakuj do najbliższego baru po jedzenie na wynos. Zamiast tego zrób nalot na spiżarnię i przygotuj naprędce domowy posiłek.

Puszki z:

* pomidorami,
* fasolą w sosie pomidorowym,
* pieczarkami,
* kukurydzą,
* bulionem,
* tuńczykiem,
* łososiem,
* plastrami ananasa,
* brzoskwiniami,
* mandarynkami,
* kremem do deserów,
* puddingiem ryżowym.

Słoiki z:

* dżemem,
* marynowanymi cebulkami,
* suszonymi pomidorami,
* oliwkami,
* gotowymi sosami do makaronu.

Produkty suche:

* makaron,
* ryż basmati,
* gotowe mieszanki do wypieku chleba,
* gotowy farsz do pieczeni, w proszku,
* rodzynki sułtańskie,
* tabliczka dobrej jakości czekolady,
* wybór różnych ciast w proszku.

A poza tym:

* oliwa z oliwek,
* jajka,
* mleko,
* chleb.

Delektuj się smakiem

Jest wiele sposobów na poprawienie smaku potraw. Wypróbuj kilka z nich.

- Robiąc jajecznicę, na każde dwa jajka dodaj łyżeczkę majonezu, a będzie miała naprawdę kremowy smak.
- Smak szpinaku poprawi odrobina świeżo otartej gałki muszkatołowej dodana tuż przed podaniem.
- Aby nadać sałatce delikatną nutę aromatu czosnku, lekko zgnieć jeden ząbek i potrzyj nim wnętrze miski, zanim włożysz do niej sałatę.
- Przed upieczeniem kurczaka włóż pod skórkę plasterki pomarańczy lub cytryny, a pieczyste nabierze wspaniałego cytrusowego aromatu.
- Do *chilli con carne* dodaj kilka kostek dobrej jakości ciemnej czekolady, która wzbogaci smak potrawy.
- Smak gotowego nadzienia do mięs poprawi garść rodzynek sułtańskich i posiekanych orzechów, lub parę łyżek utartego parmezanu.
- Smak i kolor zup polepszy łyżka soku z suszonych śliwek.
- Marchewki będą słodsze, jeśli do wody, w której je gotujesz, dodasz pół szklanki soku z pomarańczy.
- Smak oraz konsystencja warzyw zyskają dzięki posypaniu ich łyżką uprażonych na suchej patelni nasion. Wypróbuj nasiona dyni, słonecznika lub ziarna sezamu.
- Brokuły przed podaniem posyp lekko zrumienionymi płatkami migdałowymi.
- Smażąc łososia lub filety z kurczaka, dodaj do oliwy kilka plasterków świeżego imbiru. Smaż imbir przez dwie minuty, po czym wyjmij go i dopiero wtedy połóż na patelni rybę lub kurczaka.
- Przygotowując pieczeń jagnięcą, zrób małe nacięcia w skórze. Wepchnij w nie cienkie plasterki czosnku i gałązki rozmarynu, a mięso będzie bardziej aromatyczne.
- Podsmaż na patelni drobno pokrojony seler naciowy i posiekane orzechy włoskie, i posyp nimi duszoną wołowinę.
- Do duszonych jabłek dodaj trochę skórki otartej z pomarańczy lub cytryny.
- Robiąc szarlotkę z kruszonką, dodaj do kruszonki kilka kropli esencji migdałowej i trochę migdałów w płatkach. Aromat migdałów doskonale uzupełnia smak jabłek.
- Pieczone ziemniaki przypraw kilkoma gałązkami rozmarynu.
- Możesz też posypać je kilkoma plasterkami czosnku.

Pomocy! Jak sobie radzić z kulinarnymi wpadkami

Każdej z nas może się przytrafić kulinarna wpadka. Oto sposoby na zaradzenie katastrofie.

- Jeśli w białym sosie zrobią się grudki, miksuj w blenderze, dopóki grudki całkowicie nie znikną. Możesz również przetrzeć sos przez sito lub użyć ręcznego blendera.
- Aby usunąć nadmiar tłuszczu z gulaszu lub curry, połóż na powierzchni potrawy złożony papierowy ręcznik kuchenny, który wchłonie tłuszcz. W razie konieczności powtórz tę czynność.
- Nie wyrzucaj biszkoptu, który się zapadł. Szklanką wytnij zapadnięty środek ciasta, włóż do woreczka i zamroź. Jeśli będziesz potrzebowała przyrządzić naprędce deser, rozmroź biszkopt, nasącz go syropem z puszki z owocami, a owoce włóż do wydrążonego środka. Tuż przed podaniem posyp niewielką ilością cukru pudru.
- Jeśli gulasz przywrze do spodu garnka, przełóż potrawę do innego rondla, nie naruszając spodu. Przypalone jedzenie pozostanie w garnku, który natychmiast należy namoczyć.
- Do przesolonej zupy lub zbyt słonego gulaszu dodaj surowy ziemniak i gotuj przez dziesięć minut. Wyrzuć ziemniak (teraz już słony). Są też inne sposoby: możesz dodać do potrawy puszkę pomidorów lub wmieszać do niej tuż przed podaniem jogurt albo śmietanę.
- Jeśli nieco przesadziłaś z chilli, przyprawiając curry lub *chilli con carne*, wciśnij do garnka sok z połowy cytryny oraz wrzuć wyciśniętą połówkę owocu i gotuj przez kilka minut. Przed podaniem usuń cytrynę.
- Gdyby domowy majonez się rozwarstwił, wbij do miseczki żółtko jajka i dobrze je utrzyj. Stopniowo dodawaj majonez do żółtka i ubijaj, dopóki masa nie zgęstnieje.
- Jeśli ciasto na biszkopt się zwarzy, szybko dodaj łyżkę mąki i dobrze ubij masę.

Stosowanie ziół i przypraw

Zioła i przyprawy – świeże, mrożone lub suszone – dodają aromatu codziennym potrawom. Suszone zioła i przyprawy kupuj w niewielkich ilościach i zużywaj jak najprędzej, ponieważ szybko tracą aromat. Przechowuj je w szczelnych pojemnikach, w chłodnym, suchym i ciemnym miejscu, np. w kuchennej szafce lub szufladzie.

Przekładając zioła i przyprawy do pojemniczków, zanotuj, kiedy je kupiłaś, ponieważ najlepsze są przed upływem sześciu miesięcy.

Kupuj przyprawy w całości i samodzielnie miel je w młynku do kawy lub ucieraj w moździerzu – zapach mielonych przypraw ulatnia się szybciej niż przypraw przechowywanych w całości.

Aby wzmóc aromat przypraw, praż je w całości na suchej patelni przez minutę lub dwie. Bezzwłocznie zmiel lub użyj w całości.

Podstawowy zestaw przydatnych ziół:

- natka pietruszki,
- tymianek,
- liście kolendry,
- bazylia,
- liść laurowy,
- szałwia.

Podstawowy zestaw przydatnych przypraw:

- cynamon,
- gałka muszkatołowa,
- goździki,
- czarny pieprz ziarnisty,
- nasiona kminu rzymskiego,
- nasiona kolendry,
- laski wanilii,
- kardamon,
- suszone papryczki chilli.

Ziołowe porady

- Zielone części dymki, drobno posiekane, mogą zastąpić szczypiorek.
- Zanim dodasz liście mięty do duszonej jagnięciny, zgnieć je, by uwolniły maksimum aromatu.
- Zioła o delikatnych liściach, jak np. bazylia, należy rwać na kawałeczki, a nie kroić. Dodawaj je do potraw pod koniec gotowania.

DOBRE RADY

- Kiedy gotujesz, zabezpiecz strony książki kucharskiej przed pochlapaniem, wkładając ją do przezroczystej torebki foliowej.
- Gdy miód się scukrzy, włóż słoik na pięć minut do miski z gorącą wodą.
- Jeśli przed obraniem zanurzysz pomarańczę na minutę we wrzątku, łatwo oddzielisz skórkę wraz z białą błonką.
- Krojąc suszone owoce, maczaj ostrze noża we wrzątku, dzięki czemu susz nie będzie się do niego przyklejał. Suszone morele i daktyle łatwiej posiekać, używając zwilżonych nożyczek.
- Nadzienie wypełniające pieczone jabłka często wypada dołem podczas wyjmowania owoców z foremki. Aby temu zapobiec, wyłóż wydrążone środki jabłek niewielką ilością marcepanu.
- Oszczędzaj pieniądze – kupuj puszki z pomidorami w całości i sama je rozdrabniaj.
- Napełniając rękaw cukierniczy, włóż go do kubka lub niewielkiej miski, a unikniesz rozlewania się masy.

Bułka tarta!

Z czerstwego pieczywa rób domową bułkę tartą – jest bardzo przydatna do sporządzania farszów oraz wierzchniej warstwy wielu słodkich i pikantnych potraw.

Jak zrobić świeżą bułkę tartą

Podziel bułkę na drobne kawałki i włóż do malaksera. Miksuj, aż powstaną drobne okruszki. Przełóż je do plastikowej torebki i zamroź, a w razie potrzeby wyjmiesz tyle, ile będziesz potrzebować. Świeżą bułkę tartą można przechowywać zamrożoną przez pół roku.

Świeża bułka tarta służy do przygotowywania farszów oraz panierowania ryby i kurczaka. Możesz ją zmieszać z niewielką ilością utartego żółtego sera i posypać również wierzch zapiekanki z makaronu lub zapiekany kalafior. Dla odmiany możesz dodać do niej różne suszone zioła.

Świeżą bułką tartą posypuje się także duszone owoce. Uduś owoce i przełóż je do żaroodpornego naczynia. Zmieszaj okruszki bułki z łyżką stołową miękkiego brązowego cukru (lub drobnego cukru do pieczenia), kilkoma rozdrobnionymi orzechami lub płatkami migdałowymi, oraz z kilkoma kostkami posiekanej czekolady. Posyp mieszanką owoce i zapiekaj w średnio rozgrzanym piekarniku, aż powierzchnia deseru lekko się zrumieni.

Jak zrobić suszoną bułkę tartą

Ułóż cienkie kromki czerstwej bułki na blasze i zapiekaj je w temperaturze 150°C, dopóki zupełnie się nie ususzą. Powinny także lekko się zrumienić. Całkowicie wystudź, a następnie rozdrobnij je w malakserze albo włóż do dużej torebki plastikowej i rozgnieć wałkiem do ciasta.

Przechowuj w słoiku z nakrętką nie dłużej niż miesiąc.

Pieczarki faszerowane świeżą bułką tartą
(Dla 4 osób)

Weź cztery duże pieczarki. Obierz je ze skórki i usuń nóżki, posiekaj i włóż do niewielkiego rondla. Dodaj drobno pokrojoną cebulę, 2 ząbki czosnku i 2 łyżki stołowe oliwy z oliwek. Gotuj na wolnym ogniu, aż cebula zmięknie. Dodaj 12 czubatych łyżek świeżej bułki tartej i łyżkę posiekanej świeżej natki pietruszki. Dobrze wymieszaj. Zdejmij z ognia i dodaj 2 łyżki stołowe utartego dojrzałego sera cheddar. Wymieszaj ser z okruszkami.

Kapelusze grzybów posmaruj odrobiną oliwy i ułóż na blasze.
Do środka kapeluszy włóż nadzienie i lekko przyciśnij palcami. Piecz 25 minut w piekarniku rozgrzanym do 180°C , lub dopóki pieczarki nie zmiękną, a wierzch nadzienia się nie zrumieni. Podawaj z sałatką.

Szybki lunch?

Opiekacze do kanapek to świetny sposób na szybką przekąskę lub niewielki obiad. (Można je kupić w supermarketach i sklepach z AGD nawet za mniej niż 50 zł). Nowoczesne modele opiekaczy mają płaskie, a nie karbowane płyty grzewcze, więc przyrządzone w nich kanapki nie przypominają nadziewanych poduszeczek.

Możesz teraz samodzielnie przygotowywać prawdziwe panini, ciabatty lub puszyste kanapki z pełnoziarnistego chleba, takie same, jak podawane w modnych kawiarniach. Wybierz rodzaj pieczywa i nadzienie, i po prostu opuść pokrywę. Lunch będzie gotowy w zaledwie kilka minut.

Przygotuj:

- 2 grube kromki pieczywa – może to być chleb z formy, pieczywo tostowe, bułka, panini, ciabatta itd. (zewnętrznej strony kanapek nie smaruje się masłem, a wewnętrzną tylko jeśli chcesz),
- wybrane przez ciebie nadzienie,
- sól i pieprz do smaku.

Wypróbuj jedną z poniższych propozycji nadzienia:

- Posmaruj wewnętrzną stronę kanapki chutneyem z mango albo sosem barbecue. Na jednej kromce ułóż pokrojoną w kostkę szynkę i kilka plasterków sera brie. Przykryj drugą kromką i zapiecz.
- Zmieszaj drobno pokrojone gotowane mięso z kurczaka z majonezem o obniżonej zawartości tłuszczu, rozsmaruj na jednej kromce, przykryj drugą i zapiecz.

- Chleb obłóż pomidorami i serem mozzarella.
- Kanapkę wypełnij szynką parmeńską i pomidorami.
- Spróbuj kanapkowej wersji swojej ulubionej pizzy. Obłóż włoskie pieczywo nadzieniem, które szczególne lubisz. Aby zyskać na czasie, kup ser krojony w plasterki.

Aby z kanapki powstał obiad z prawdziwego zdarzenia, podaj do niej sałatkę z mieszanych warzyw, przyprawioną sosem.

Dla odmiany wypróbuj nowe odmiany chleba – chleb z orzechami włoskimi, cebulą, suszonymi pomidorami lub oliwkami. Smakują przepysznie.

LEKCJA 13
ZMYSŁ KULINARNY 2
Jak maksymalnie wykorzystać zamrażarkę i lodówkę

Zamrażarka

Zamrażarka jest twoim ważnym sojusznikiem, wykorzystaj ją więc maksymalnie. Planuj posiłki z wyprzedzeniem, gotuj większe ilości potraw, rób zapasy owoców i warzyw, kiedy jest na nie sezon, a resztki jedzenia zamrażaj do wykorzystania innego dnia.

Dobrze zaopatrzona zamrażarka umożliwi ci szybkie przygotowanie posiłku dla rodziny lub niespodziewanych gości.

Podstawą jest dobra organizacja pracy. Jeśli przyrządzasz potrawę, która nadaje się do mrożenia, ugotuj podwójną porcję i połowę zamroź na później. Wtedy wystarczy jedynie ugotować świeże warzywa albo przygotować sałatkę. W wolnym czasie upiecz na zapas ciasto, przygotuj domowy sos do makaronu, albo przyszykuj kilka spodów do pizzy.

Mroź filety z kurczaka, kotlety, kiełbaski i rybę, które wystarczy wieczorem wyjąć do rozmrożenia na następny dzień. Mrożony groszek, kukurydza, oraz podsmażona cebulka zawsze się przydadzą, zwłaszcza do przygotowywania pikantnych dań, pozwolą także oszczędzić czas.

Temperatura zamrażarki

Temperatura, w której przechowuje się w zamrażarce żywność, to -18°C, a podczas korzystania z funkcji szybkiego zamrażania temperatura spada do -24°C. Jest to optymalna temperatura zamrażania świeżej żywności, umożliwiająca jak najlepsze zachowanie wartości odżywczych.

W komorze zamrażarki należy utrzymywać właściwą temperaturę, by nie wzrosły koszty jej użytkowania. Każdy stopień poniżej -18°C zwiększa zużycie energii o niebagatelne 5 procent. Warto trzymać w zamrażarce specjalny termometr, dzięki któremu będziesz mogła od czasu do czasu sprawdzić panującą w niej temperaturę i w razie konieczności przestawić termostat.

Zamrażarka działa najefektywniej i zużywa najmniej energii całkowicie zapełniona. Jeśli masz w zamrażarce wolne miejsce, włóż do niej pieczywo, mrożony groszek czy kostki lodu, albo po prostu napełnij plastikowe butelki wodą do ¾ objętości i zamroź je. Ten zabieg ograniczy wahania temperatury i zapobiegnie nagłemu jej wzrostowi podczas otwierania drzwi zamrażarki.

Pomysły na zapełnienie zamrażarki

- Wykorzystaj letnią obfitość owoców jagodowych. Wspaniale jest dodać zimą do płatków śniadaniowych maliny, jeżyny i jagody, oraz wykorzystywać je do przygotowania przepysznych deserów. Zamroź je luźno ułożone na tacach, a później zapakuj w plastikowe torebki. Możesz też włożyć pojedyncze owoce do pojemników na kostki lodu. Po zamrożeniu dodawaj je do koktajli dla dorosłych lub wrzucaj do szklanek z wodą, żeby zachęcić dzieci do picia wody zamiast napojów gazowanych. Plasterki cytryny zamrożone w kostkach lodu to świetny pomysł, który pomoże ci wybrnąć z niewygodnych sytuacji. Której z nas nie przypomniało się, że w domu nie ma cytryn, dosłownie na chwilę przed przybyciem gości? Dzięki mojemu pomysłowi będziesz miała pod ręką lód i cytrynę zarazem.
- Jeśli pomarańcze nie znajdują amatorów, wyciśnij z nich sok i zamroź go w papierowych kubeczkach. Przed snem wyjmij kubeczek z zamrażarki, wstaw do lodówki, a rano będzie na ciebie czekać szklanka orzeźwiającego soku na dobry początek dnia.
- Nadwyżki jabłek, śliwek lub gruszek uduś na małym ogniu z niewielką ilością wody i cukru, jeśli jest konieczny. Przełóż do sztywnych pojemniczków i używaj jako dodatek do płatków śniadaniowych, ciast z kruszonką oraz sosów. Pojemniki powinny być małe, żebyś nie musiała odłupywać kawałków z większej bryły, kiedy potrzebujesz tylko niewielkiej ilości.
- Włóż całe gałązki bardziej wytrzymałych ziół, takich jak rozmaryn, natka pietruszki, mięta i szałwia, do małych woreczków. W razie potrzeby, podczas gotowania zupy, potrawki czy gulaszu, wystarczy wyjąć zioła z zamrażarki i wkruszyć do garnka – nawet nie trzeba ich siekać. Bazylię, miętę czy pietruszkę można też posiekać i zamrozić z wodą w pojemniczkach na lód. Takie ziołowe kostki dorzuca się do potrawy podczas gotowania.
- Resztki wina (czerwonego i białego) można zamrozić w plastikowych kubeczkach albo w pojemnikach na lód, a następnie przełożyć do woreczków na mrożonki. Świetnie nadają się do duszonych potraw, ponieważ nie musisz specjalnie otwierać nowej butelki wina, by doprawić nim danie.
- Zrób dla dzieci mrożone sorbety owocowe w papierowych kubeczkach albo specjalnych foremkach. Patyczki do lodów kupisz w supermarkecie.

- Błyskawiczne tosty! Trzymaj w zamrażarce krojony chleb tostowy, na wypadek gdy zabraknie pieczywa na śniadanie. Wiele tosterów ma specjalny program do przygotowywania zamrożonego chleba. Złociste tosty będą gotowe w mgnieniu oka.
- Przyrządź duże ilości ulubionego sosu pomidorowego i zamroź w porcjach na jeden posiłek. Podasz go do makaronu, urozmaicając podczas podgrzewania dodatkami: pieczarkami, szparagami, cukinią, brokułami lub oliwkami.
- Zrób więcej sosu curry i wykorzystuj go do przyrządzania curry z mięsa, drobiu lub ryb, podawanych z ryżem.
- Przygotuj gotowe nadzienie do ciast i zapiekanek z owocami. Podduś owoce z cukrem, przełóż do żaroodpornego naczynia i zamroź. Wyjmij z naczynia, przełóż do torebki i włóż do zamrażarki. Kiedy najdzie cię ochota na ciasto lub zapiekankę, wystarczy włożyć nadzienie z powrotem do naczynia żaroodpornego, rozmrozić i przykryć ciastem francuskim albo biszkoptem, lub posypać kruszonką.
- Zamroź w plastikowych woreczkach obrane ze skórki i pokrojone pomidory – świetnie nadają się do duszonych potraw.

Pakowanie i opisywanie mrożonek

Żywność przechowywana w zamrażarce powinna być ułożona w przemyślany sposób, a na pojemnikach musi być informacja na temat ich zawartości. Dzięki temu nie przytrafi ci się niespodziewane odkrycie w zakamarkach zamrażarki jedzenia o nieznanym pochodzeniu.

Paczkowane mięso, drób i ryby należy wyjąć z opakowań, w których były kupione, przełożyć do świeżych woreczków, opisać i zamrozić.

Kiedy mrozisz gotowe albo domowe kotlety mielone, przełóż je krążkami pergaminu lub papieru do pieczenia i ułóż w stosiki, zanim włożysz je do woreczka na mrożonki. Dzięki temu łatwo je oddzielisz.

Biszkopty dekorowane kremem maślanym bardzo dobrze nadają się do mrożenia. Zamroź ciasto luzem na tacy, a następnie zawiń, by nie uszkodzić wierzchu. Jeśli pokroisz je na porcje przed zamrożeniem, będziesz mogła w razie potrzeby wyjąć jeden plasterek.

Czas przechowywania mrożonek

Zamrożenie potrawy nie oznacza, że można ją przechowywać bez końca. Czas trwałości mrożonej żywności zależy od wydajności zamrażarki, oznaczonej gwiazdkami. Im więcej gwiazdek ma twoja zamrażarka, tym dłuższą trwałość będą miały przechowywane w niej produkty.

Produkty, które nie nadają się do mrożenia

Większość produktów spożywczych nadaje się do mrożenia, ale jest kilka, które źle znoszą ten proces.

Oto niektóre:

RZODKIEWKI, SAŁATA, OGÓRKI – zawierają dużo wody, przez co po rozmrożeniu stają się papkowate.

TRUSKAWKI – po rozmrożeniu się rozpadają. Jeśli już je zamrażać, to w postaci sosów lub purée, albo wymieszać z innymi owocami używanymi do ciast i zapiekanek.

GOTOWANE JAJKA stają się gumowate, więc potrawy je zawierające nie nadają się do mrożenia, chyba że jajko posiekasz naprawdę bardzo drobno. Natomiast surowe żółtko i białko można zamrozić, ale oddzielnie. Jeśli więc pozostaną ci z pieczenia żółtka lub białka, przelej je do pojemników na lód i zamroź na później.

Tylko się nie unoś

Kiedy zamrażasz zupy, bulion albo inne płyny, nie wypełniaj pojemnika aż po brzeg, ponieważ podczas mrożenia jego objętość się zwiększa. W przypadku pojemnika o pojemności około pół litra, zostaw wolne około 2,5 cm. Jeśli o tym zapomnisz, zamarzający płyn uniesie pokrywkę pojemnika i trzeba będzie czyścić zamrażarkę.

Bezpieczne rozmrażanie żywności

Produkty żywnościowe rozmrożone we właściwy sposób są bezpieczne do spożycia i zachowują walory smakowe. Niektóre można rozmrażać w kuchence mikrofalowej, ale najpierw przeczytaj instrukcję obsługi.

Ważne uwagi do zapamiętania:

- Kiedy rozmrażasz gotowe mrożonki, kieruj się wskazówkami znajdującymi się na opakowaniu.
- Jak najszybciej wykorzystaj lub ugotuj rozmrożoną żywność.
- Jeśli to możliwe, rozmrażaj produkty przez noc w lodówce.
- Wkładając do lodówki surowe mięso lub drób do rozmrożenia, upewnij się, czy wyciekający sok nie będzie skapywał na inne produkty.
- Niezależnie od tego, czy zamierzasz rozmrażać żywność w lodówce, czy w kuchence mikrofalowej, rozpakuj ją i przełóż do pojemnika z pokrywką.
- Rozmrażając pieczywo, zawiń je w podwójnie złożoną ściereczkę kuchenną, która wchłonie wilgoć.

Sztuka zamrażania owoców i warzyw

Świeże owoce i warzywa przygotowuje się do mrożenia szybko i łatwo. Mrożenie to świetny sposób na zachowanie koloru, konsystencji i składników odżywczych. Dzięki niemu możesz swobodnie korzystać z promocji w supermarketach, robić zakupy na zapas podczas wizyty na targu albo u zaprzyjaźnionych rolników i sadowników, a także w pełni zużytkować to, co samodzielnie wyhodujesz w ogrodzie lub dostaniesz od znajomych czy sąsiadów.

Większość warzyw należy przed zamrożeniem krótko zblanszować i ostudzić. Zabieg ten niszczy enzymy, które sprawiają, że podczas mrożenia warzywa tracą kolor i jędrność. Jeśli nie zamierzasz przechowywać zamrożonych jarzyn dłużej niż dwa tygodnie, blanszowanie nie jest konieczne.

Blanszowanie polega na tym, że umyte i przygotowane warzywa zanurza się na krótko we wrzątku. Poczekaj, aż woda się zagotuje, i blanszuj warzywa przez odpowiedni czas. Następnie przełóż je do durszlaka i zanurz w misce z lodowatą wodą, albo przelej zimną wodą z kranu, aż zupełnie ostygną. Dobrze osącz z wody. Włóż zblanszowane jarzyny do torebek na mrożonki, w których powinno być jak najmniej powietrza. Możesz też zamrozić warzywa luzem na tacy i dopiero potem przełożyć do woreczków. Nie zapomnij umieścić na torebkach informacji o zawartości i daty mrożenia. Użyj niezmywalnego pisaka.

Owoce i warzywa mrożone luzem przed zapakowaniem do woreczków nie zbijają się w bryły, łatwiej więc jest wyjąć do rozmrożenia potrzebną ich ilość.

Czas blanszowania warzyw

(dla przygotowanych warzyw pokrojonych w kawałki średniej wielkości)

bób	1-2 minuty
brokuły	2 minuty
brukselka	2 minuty
cebula	2 minuty
cukinie	2 minuty
fasolka szparagowa	2 minuty
groszek cukrowy	2 minuty
groszek zielony	1-2 minuty
kalafior	3 minuty
kukurydza w kolbach	6 minut
marchewka	3 minuty
papryka	2 minuty
pasternak	1 minuta
szparagi	2 minuty

Mrożenie owoców

Jabłka przed zamrożeniem należy przygotować i zblanszować. Obierz je ze skórki, usuń ogryzek i blanszuj przez minutę w wodzie z odrobiną soku z cytryny. Schłódź, osącz i zamroź luzem, po czym przełóż zamrożone jabłka do woreczków.

Pozostałe owoce w większości wystarczy umyć, przygotować i zamrozić luzem.

Przygotowywanie pozostałych owoców do mrożenia:

Jeżyny i maliny – opłucz i oczyść z szypułek.
Cytryny – umyj i pokrój na plasterki bez obierania; używaj do napojów.
Nektarynki i brzoskwinie – obierz ze skórki, pokrój na połówki lub w plasterki, posmaruj sokiem cytrynowym.
Śliwki – umyj i przekrój na połówki.
Rabarbar – umyj, obierz z włókien i pokrój na drobne kawałki.

Mrożenie domowych dań mięsnych

Kiedy zamrażasz potrawkę lub gulasz, nie dodawaj do potrawy makaronu, ryżu ani ziemniaków, ponieważ rozmiękną podczas podgrzewania. Ugotuj je osobno i dodaj w ostatniej chwili.

Gotowane i pieczone mięso wysycha i twardnieje, jeśli zamrozi się je w całości. Lepiej więc pokrój je na cienkie plasterki i zamroź wraz z sosem.

Mięsny farsz do kulebiaków lub pierogów można po ugotowaniu zapakować i zamrozić osobno, bez ciasta. Można też zamrozić gotowy pieróg, po wcześniejszym schłodzeniu w lodówce.

Aby ułatwić sobie przygotowanie domowej pizzy, możesz upiec spody i zamrozić do późniejszego użytku, albo podpiec je, obłożyć nadzieniem i wtedy zamrozić.

Mrożenie schłodzonych dań gotowych

Niektóre dania gotowe, kupione w supermarkecie, nadają się do mrożenia. Najpierw sprawdź na opakowaniu, czy daną potrawę można mrozić. Dania schłodzone należy zamrozić w dniu zakupu.

Mrożenie mięsa i drobiu

Surowe mięso, w tym drobiowe, nadaje się do mrożenia, pod warunkiem, że nie było już rozmrażane. Zawsze pytaj w sklepie, lub szukaj na opakowaniu informacji, czy mięso można zamrozić.

Kupione w sklepie mięsnym lub supermarkecie mięso rozpakuj, ponownie zawiń w folię, opisz i włóż do torebki na mrożonki. Pojedyncze kotlety, piersi z kurczaka i małe kawałki mięsa przełóż pergaminem lub papierem do pieczenia, żeby móc wyjąć do zamrożenia potrzebną ilość.

Mięso należy zamrażać w jak najszybszym tempie, więc z wyprzedzeniem włącz funkcję szybkiego mrożenia.

Mrożenie ryb

Do mrożenia nadają się tylko świeżo złowione ryby i ryby ze sklepu, które wcześniej nie były mrożone. Całe ryby należy najpierw wypatroszyć, oskrobać z łusek i dokładnie oczyścić – w sklepie rybnym kupisz ryby już oczyszczone. Filety rybne przed włożeniem do torebek przełóż pergaminem lub papierem do pieczenia.

Lodówka

Lodówka umożliwia przechowywanie żywności w bezpieczny sposób. Pokarmy szybko psujące się, takie jak mięso, drób, ryby, tłuszcze oraz nabiał bezwzględnie muszą być przechowywane w lodówce. Inne produkty, takie jak gotowe sosy do potraw i do sałatek, dżemy oraz przetwory, po otwarciu należy trzymać w lodówce. Kiedy otwierasz opakowanie z jakimś produktem spożywczym, poszukaj informacji, w jakiej temperaturze go przechowywać.

Przed włożeniem do lodówki jedzenie należy przykryć lub zawinąć w folię. Nigdy nie wkładaj otwartych puszek do lodówki – ich zawartość przełóż do miseczek i przykryj. Surowe mięso, ryby i drób ułóż na najniższej półce lodówki, aby wyciekające z nich soki nie spływały na gotowane lub świeże potrawy leżące poniżej. Warzywa na sałatkę włóż do szuflad, a mleko, otwarte słoiki z sosami i przetworami oraz jajka ustaw na półkach znajdujących się w drzwiach chłodziarki.

DOBRE RADY

- Rzeżucha dłużej zachowa świeżość, jeśli po umyciu włożysz ją do miski z wodą i wstawisz do lodówki.
- Cytryny wytrzymają w chłodziarce nawet miesiąc, przechowywane w słoju z zimną wodą.
- Aby przedłużyć świeżość trzymanych w lodówce pieczarek, owiń miskę, w której leżą grzyby, wilgotną ściereczką kuchenną.
- Podwiędnięta sałata odzyska jędrność po kąpieli w zimnej wodzie z dodatkiem dwóch łyżeczek soku z cytryny.
- Zapachy w lodówce skutecznie pochłonie brykiet z węgla drzewnego, uprzednio opłukany wodą. Wymieniaj go na nowy co dwa miesiące.
- Świeży zapach zapewni przetarcie wnętrza chłodziarki mieszanką wody i sody oczyszczonej.

Mleko

Są różne rodzaje mleka, w zależności od tego, jakiej obróbce podlegało przed trafieniem do konsumenta. Zawsze sprawdzaj datę przydatności do spożycia i nie używaj przeterminowanego mleka.

Podstawowe rodzaje mleka:

Mleko pasteryzowane

Dzięki podgrzaniu szkodliwe drobnoustroje ulegają zniszczeniu, a trwałość mleka zostaje przedłużona.

Jest kilka rodzajów mleka pasteryzowanego:

- mleko pełne – można na nim dostrzec warstewkę śmietany; jest świetne do ogólnego zastosowania: do napojów, płatków śniadaniowych i przyrządzania potraw,
- homogenizowane – proces homogenizacji polega na równomiernym rozprowadzeniu śmietanki w mleku, przez co nie zbiera się ona na wierzchu,
- mleko częściowo odtłuszczone – jest to mleko, w którym zawartość tłuszczu została zredukowana do około połowy w porównaniu z mlekiem pełnym,
- mleko odtłuszczone – praktycznie pozbawione tłuszczu. Podgrzewając takie mleko bądź uważna, ponieważ niezwykle łatwo je przypalić.

UHT

Jest to mleko o przedłużonej trwałości, dzięki homogenizacji oraz obróbce UHT (Ultra High Temperature), którym podlega przed zapakowaniem. Szczelnie zamknięte, może być przechowywane do pół roku w temperaturze pokojowej, natomiast po otwarciu należy je traktować jak mleko pasteryzowane i trzymać w lodówce. Doskonale nadaje się na żelazne zapasy, w razie gdyby kiedyś zabrakło ci świeżego mleka.

Mleko skondensowane

Powstaje z pełnego oraz częściowo i całkowicie odtłuszczonego mleka, poprzez odparowanie. Jest produkowane z dodatkiem cukru lub bez.

Mleko w proszku

To odwodnione mleko homogenizowane, bez dodatku cukru, które warto mieć w spiżarni na wszelki wypadek.

MLECZNE RADY

- Jeśli zamawiasz mleko z dostawą do domu, wnieś je do środka jak najszybciej (jeśli wiesz, że nie będzie cię w domu, zostaw pod drzwiami przenośną lodówkę turystyczną), ponieważ światło słoneczne źle wpływa na zawartość witamin w mleku, a także przyśpiesza proces jego kiśnięcia.
- Zawsze przechowuj mleko w lodówce.
- Nigdy nie mieszaj świeżego mleka ze starym i nie przelewaj mleka np. z dzbanka z powrotem do butelki.
- Przed gotowaniem mleka wypłucz garnek zimną wodą – zapobiegnie to przywieraniu mleka do dna.

Śmietana

Mimo że obecnie coraz więcej osób wybiera proste potrawy i stara się ograniczyć ilość spożywanych tłuszczów, śmietana wciąż jest obecna w naszej diecie – w niewielkich ilościach i na wyjątkowe okazje. Łyżka śmietany dodana do zupy albo puddingu ryżowego nada im wyjątkowy smak.

Podstawowe rodzaje śmietany będące w sprzedaży:

- **Zwykła śmietana** – zawiera 12% lub 18% tłuszczu, można ją dodawać do kawy, polewać nią desery, doprawiać zupy i sosy zimne oraz gorące. Nie nadaje się do ubijania.
- **Śmietana kremowa** – inaczej zwana kremówką, zawiera 30% tłuszczu i podczas ubijania podwaja swoją objętość. Jest używana do nadziewania tortów oraz do deserów.
- **Śmietana tortowa** – zawiera 36% tłuszczu, doskonale się ubija, jest stosowana do przygotowywania deserów oraz nadziewania tortów.

Śmietanę kremową i tortową można mrozić, ale uważaj podczas ubijania ich po rozmrożeniu, bo łatwo można przesadzić.

ŚMIETANOWE RADY

- Jeśli w przepisie jest wymieniona kwaśna śmietana, której nie masz, dodaj łyżeczkę soku z cytryny do zwykłej śmietany. Wymieszaj śmietanę z sokiem i odstaw, aż zgęstnieje.
- Jeśli w rękawie cukierniczym zostanie ci trochę ubitej śmietany, wyciśnij z niej rozety na blachę do pieczenia i zamroź luzem. Po zamrożeniu, zapakuj je do torebki i używaj do dekorowania deserów.
- Resztki kremówki albo śmietanki tortowej zamroź w pojemnikach na kostki lodu i dodawaj do zup i sosów. Jedna kostka odpowiada mniej więcej łyżce stołowej. Chuda śmietana nie mrozi się zbyt dobrze.
- Żeby bita śmietana była bardziej puszysta, dodaj do niej, przed ubijaniem łyżkę mleka na każde 150 ml śmietany.
- Lżejsza wersja bitej śmietany do ciast i tart: ubij pojemnik kremówki lub śmietany tortowej, pod koniec ubijania dodając kilka łyżek stołowych naturalnego jogurtu o niskiej zawartości tłuszczu.
- Jeśli przyrządzasz mus lub suflet, użyj śmietany kremówki, a nie tortowej, wówczas deser będzie lżejszy.
- Naczynie, w którym będziesz ubijać śmietanę, schłódź wcześniej w lodówce. Dzięki temu śmietana szybciej zgęstnieje.
- Zamiast kwaśnej śmietany można używać jogurtu.
- Jeśli bitą śmietanę osłodzisz miodem, a nie cukrem, będzie gęstsza i lepiej się nada do wypełniania i dekoracji tortów.
- Do gorących sosów, zamiast zwykłej lub kwaśnej śmietany, można dodać *crème fraîche* (gęstej kwaśnej śmietany). Można ją zagotować bez obaw, że się zważy.
- Do sosu na bazie mleka dodaj łyżkę stołową śmietany, a będzie smakował, jakby był w całości przyrządzony na śmietanie. Co za świetny sposób na obniżenie liczby kalorii!
- Podając zupę pomidorową, z groszku lub szparagów, zrób na jej powierzchni esy-floresy z łyżki śmietany. Zupa wtedy pięknie wygląda i ma wspaniały, kremowy smak.

„Poproszę o kilo sera"

Ser jest bogatym źródłem białek. Aby zachował aromat i świeżość, musi być przechowywany w odpowiedni sposób, kupuj go więc w niewielkich ilościach.

Większość gatunków sera winno się przechowywać w temperaturze pomiędzy 8 a 15°C. Miękkie sery wolą temperaturę ok. 12°C. Jeśli jest zbyt sucho, ser popęka, a jeśli zbyt wilgotno, może się na nim pojawić niebieska lub biała pleśń.

Najlepiej jest zawinąć ser w pergamin, dzięki czemu może oddychać. Jeśli zawiniemy ser w plastikową folię spożywczą, będzie się pod nią zbierać wilgoć, która sprzyja rozwojowi pleśni.

SEROWE RADY

* Podczas gotowania zupy dodaj do niej odrobinę startego parmezanu, który poprawi jej smak.
* Mrozić można tylko sery zawierające więcej niż 45% tłuszczu.
* Wyjmij ser z lodówki na godzinę przed użyciem.
* Kostki sera feta można przechować w słoiku z oliwą z oliwek. Dodatkowy aromat nadadzą mu świeże zioła, np. rozmaryn lub szałwia, kilka ząbków czosnku lub ostrych papryczek chilli.

Jak się pozbyć kuchennych zapachów

* Aby usunąć zapach cebuli z drewnianej deski do krojenia, wyszoruj ją solą i wypłucz w zimnej wodzie.
* Postaw na parapecie miseczkę z octem spożywczym, który zneutralizuje kuchenne zapachy. Regularnie uzupełniaj poziom octu.
* Aby w kuchni unosił się zapach świeżości, przez piętnaście minut gotuj w wodzie kilka plasterków cytryny.

Jak odkręcić oporny słoik

Każda z nas może trafić na oporny słoik. Jeśli nie masz specjalnego przyrządu do otwierania słoików, wypróbuj jeden z podanych niżej sposobów.

* Stuknij dnem słoika o twardą powierzchnię. W ten sposób naruszysz powstałą w nim próżnię, która uniemożliwia odkręcenie nakrętki.
* Potrzymaj słoik przez minutę pod bieżącą ciepłą wodą.
* Delikatnie podważ nakrętkę otwieraczem do butelek, żeby do środka dostało się powietrze.
* Włóż na rękę gumową rękawicę, żeby mieć pewniejszy chwyt. Możesz też okręcić nakrętkę zwiniętym workiem z mocnego plastiku.
* Trzymaną pod kątem łyżką opukaj nakrętkę wzdłuż krawędzi.

Pod żadnym pozorem nie próbuj podważać nakrętki o futrynę drzwi. Ten sposób wprawdzie może okazać się skuteczny, ale za cenę zadrapanej farby i wgnieceń w drewnie.

LEKCJA 14
ZAKUPY
Jak kupować z głową i nie wydać zbyt wiele pieniędzy

Dobre planowanie zakupów żywności daje oszczędność czasu i pieniędzy. Większości osób odpowiada system robienia większych zakupów raz w tygodniu i uzupełniania ich bieżącymi zakupami świeżych produktów w sklepie mięsnym, rybnym, warzywniaku, piekarni lub supermarkecie.

Aby nie tracić czasu, unikaj wypraw do supermarketów w porach, kiedy są pełne ludzi. Jeśli możesz to pogodzić ze swoim rozkładem dnia, rób zakupy późnym rankiem, wczesnym popołudniem lub późnym wieczorem.

Zawsze trzymaj przy sobie listę zakupów. Błąkanie się wśród sklepowych alejek w poszukiwaniu natchnienia niechybnie skończy się niepotrzebnymi wydatkami. Wrócisz do domu z siatkami pełnymi rzeczy, których nie potrzebujesz, a bez tych, które są niezbędne. Zaplanowanie menu na cały tydzień przed spisaniem listy zakupów wyeliminuje konieczność niespodziewanych wypadów do sklepu po składnik lub dwa potrzebne do przygotowania kolacji.

Kiedy przygotowujesz listę zakupów, pogrupuj podobne produkty, żebyś nie musiała biegać po sklepie w tę i z powrotem. Jeśli zazwyczaj robisz zakupy w tym samym supermarkecie, ułóż listę w kolejności działów.

Na bieżąco uzupełniaj trzymaną w kuchni listę, dopisując do niej produkty, które wkrótce się skończą. Nie czekaj, aż jakiś produkt się skończy, bo może to oznaczać nieplanowaną wyprawę do supermarketu. Namów członków rodziny, by pomagali ci uzupełniać listę.

Na zakupy idź po zjedzeniu posiłku. Badania dowodzą, że kupujemy więcej, gdy idziemy na zakupy z pustym żołądkiem.

Dobra rada Anthei

Praktycznym rozwiązaniem są zakupy przez Internet. Produkty zajmujące dużo miejsca, na przykład papierowe ręczniki kuchenne, papier toaletowy, jedzenie dla zwierząt, produkty dla niemowląt, puszki, napoje itd., najwygodniej zamawiać z dostawą do domu. Wówczas do sklepu wybierzesz się tylko po te produkty, które warto obejrzeć przed zakupami, czyli mięso, ryby, owoce, warzywa i pieczywo.

Jak wybierać owoce i warzywa

Obejrzyj dokładnie owoce i warzywa, zanim je włożysz do koszyka, i odrzuć wszystkie, które nie są idealnie świeże.

Na co zwracać uwagę:

Warzywa

Kapusta: środek powinien być jędrny, a zewnętrzne liście chrupkie.
Kalafior: zwróć uwagę na oznaki gnicia. Warzywo powinno być białe i jędrne.
Fasolka szparagowa: powinna być jędrna, a nie podwiędnięta i wiotka.
Szparagi: powinny być mięsiste, niepomarszczone, o suchych końcówkach.
Sałata: odrzuć główki, które są podwiędnięte oraz te o pożółkłych lub oślizgłych liściach.
Pomidory: powinny być jędrne i nieuszkodzone.
Ogórki: zwróć uwagę, czy nie mają ciemnych plamek i czy końce warzywa są twarde.
Ziemniaki: wybierz te, które nie puściły kiełków i nie mają zielonych plam na skórce.
Cebule: powinny być jędrne, a łupina musi być sucha. Odrzuć te, które puszczają kiełki.
Cukinie i kabaczki: powinny być jędrne, bez ciemnych miękkich plam.
Pieczarki: powinny być jędrne, czyste i suche.

Owoce

Jabłka: powinny być jędrne i niepomarszczone.
Pomarańcze: powinny być jędrne, bez miękkich miejsc ani plam pleśni. Powinny wydawać się za ciężkie jak na swój rozmiar.
Melony: odrzuć te z ciemnymi lub miękkimi plamami. Powinny być jędrne.
Banany: jeśli mają poleżeć dłużej, kup zielone, które dojrzeją w domu.
Winogrona: delikatnie potrząśnij gronem. Jeśli opadają z niego owoce, oznacza to, że winogrona są przejrzałe i nie warto ich kupować.
Cytryny: powinny być jędrne i bez plam. Powinny wydawać się stosunkowo ciężkie.

Kupowanie mięsa

Mięso kupuj zawsze od cieszącego się dobrą reputacją dostawcy, by mieć pewność, że wyprodukowano je oraz przechowywano zgodnie z normami. W dobrym sklepie mięsnym zawsze ci doradzą, jakie mięso wybrać i jak je przyrządzić. Najdelikatniejsze mięso pochodzi zazwyczaj z tylnej części zwierzęcia, bo mięśnie tej części ciała są najmniej używane.

Kupowanie ryb

Ryby muszą być absolutnie świeże, więc kupuj je tylko wtedy, kiedy są ci potrzebne. Lepiej jest kupować ryby mrożone, które zaraz po wyładunku trafiają do zakładów przetwórczych, gdzie są czyszczone, pakowane i mrożone. Natomiast transport świeżych ryb z portu do sklepu zajmuje czasem kilka dni.

Oznaki świeżości ryby: przejrzyste, jasne oczy, błyszczące łuski, wilgotna i połyskliwa (lecz nie oślizgła) skóra i intensywnie czerwone skrzela. Jeśli naciśniesz palcem filet rybny, mięso powinno natychmiast się podnieść (poproś o przeprowadzenie tej próby sprzedawcę – nie pochylaj się nad ladą, by zrobić to samodzielnie).

Bezzwłocznie po powrocie do domu włóż rybę do lodówki lub przygotuj ją do mrożenia. Wykorzystaj jak najszybciej. Jeśli zamierzasz rybę zamrozić, zawsze zapytaj w sklepie, czy nie była wcześniej mrożona. Nie wolno ponownie zamrażać surowej ryby.

Czy owoc jest dojrzały?

Jeśli chcesz sprawdzić, czy ananas jest dojrzały, pociągnij za jeden z liści u nasady owocu. W przypadku dojrzałego owocu liść da się wyrwać z łatwością. Dojrzałe ananasy wydzielają słodki aromat.

Skórka dojrzałego melona na szczycie owocu (w miejscu przeciwległym do tego, którym owoc był przytwierdzony do łodygi) delikatnie ugina się pod naciskiem palca.

Kupowanie świeżych skorupiaków

Kupowane skorupiaki muszą być bezwzględnie świeże, ponieważ często bywają przyczyną zatruć pokarmowych.

* Przegrzebki (małże świętego Jakuba) – powinny mieć jasnokremową barwę. Koralowy ogonek powinien być intensywnie pomarańczowy i zwarty.
* Omułki i małże – powinny być szczelnie zamknięte, albo zamykać się błyskawicznie, kiedy postukasz w muszlę. Jeśli muszla jest otwarta, mięczak jest martwy, a jego spożycie spowoduje zatrucie pokarmowe.
* Krewetki – powinny być szare i jędrne.

DOBRE RADY NA ZAKUPY

* Korzystaj z promocji na produkty żywnościowe, które często kupujesz.
* Produkty codziennego użytku, takie jak wybielacz, papier toaletowy, ręczniki kuchenne, proszki do prania, płyn do płukania tkanin i puszki z jedzeniem dla zwierząt, kupuj na zapas, kiedy są w promocji.
* Wybieraj produkty opatrzone marką własną supermarketu: pomidory w puszce, ryż czy makaron.
* Owoce i warzywa kupuj wtedy, kiedy jest na nie sezon. W sezonie są dużo tańsze od tych, które przemierzyły tysiące kilometrów, zanim trafiły na półki sklepowe.
* Kupuj papier toaletowy, ręczniki kuchenne czy proszki do prania w ekonomicznych opakowaniach.
* Wykorzystuj kupony rabatowe, które można znaleźć w gazetach i czasopismach.
* Zwracaj uwagę na nowe linie produktów – podczas wprowadzania ich na rynek często są oferowane w specjalnie obniżonej cenie. Jednakże nie ulegnij pokusie zrobienia zakupów na zapas, nim się upewnisz, że twojej rodzinie odpowiada nowy produkt. Promocje cenowe trwają zazwyczaj kilka tygodni, więc wypróbuj go, a dopiero potem zrób zapasy.

Sztuka polowania na okazje

Upolowanie dobrej okazji daje dużo satysfakcji, zwłaszcza jeśli uda ci się kupić coś, czego długo szukałaś albo co kiedyś uznałaś za zbyt drogie, a teraz jest dostępne za niewielkie pieniądze.

Obserwuj wyprzedaże w centrach handlowych. Poszukaj sklepów fabrycznych i dyskontów. Takie sklepy, znajdujące się na terenie całego kraju, oferują markowe towary znanych producentów po obniżonej cenie.

Sklepy fabryczne, czyli outlety

Niektóre są wypełnione tandetą, ale inne sprzedają końcówki serii i nadwyżki produkcyjne znanych producentów. Możesz spodziewać się obniżek o przynajmniej 50%, a nawet do 70% w trakcie wyprzedaży.

Meble

W magazynach producentów mebli możesz trafić na wyprzedaż mebli z wystawy, lekko uszkodzonych, zwróconych z jakiegoś powodu do sklepu, czy pochodzących z anulowanych zamówień.

Wyprzedaż związana z likwidacją sklepu

Sklepy, które ulegają likwidacji, często ogłaszają wielkie obniżki, by pozbyć się towaru.

Sklepy z używanymi rzeczami

Warto odwiedzać aukcje, pchle targi, sklepy z używanymi rzeczami, czytać ogłoszenia na słupach i w gazecie – można w ten sposób upolować prawdziwą okazję.

Zakupy przez Internet

Kupowanie w sklepach internetowych pozwala zaoszczędzić pieniądze, czas i starania. Często są w nich oferty niedostępne w normalnych sklepach. Sprawdź jednak dokładnie, jaka opłata jest pobierana za dostawę – jej koszt może czasem zniwelować poczynione oszczędności. Opłaty za dostawę – zwłaszcza małych przedmiotów – bywają wygórowane.

Aukcje internetowe

Aukcje internetowe, np. na takich portalach, jak eBay czy Allegro, to dobra metoda na upolowanie okazji. Niektórzy ze sprzedawców są osobami, które chcą się pozbyć niechcianych przedmiotów, inni to drobni przedsiębiorcy i właściciele sklepików, chcący dotrzeć do szerszego kręgu odbiorców.

Dobra rada Anthei

Zaglądaj do sklepów charytatywnych, zwłaszcza tych mieszczących się w „dobrych" dzielnicach. Niewiarygodne, jakich rzeczy pozbywają się niektórzy ludzie!

Oszczędzanie energii

Oszczędność energii to oszczędność pieniędzy. Wypróbuj poniższe sposoby na obniżenie zużycia wody, prądu i gazu.

- Wychodząc z pomieszczenia, zawsze gaś światło.
- Bezzwłocznie naprawiaj nieszczelne krany. Kapiący kran to marnotrawstwo wody, a jeśli kapie z niego gorąca woda – również energii.
- Skróć czas brania prysznica o dwie minuty.
- Do mycia samochodu zamiast węża użyj wiadra z wodą.
- Starannie ociepl poddasze domu.
- Wymień zwykłe żarówki na świetlówki energooszczędne. Dają tyle samo światła i chociaż są droższe, wystarczają nawet na dwa lata. Jeśli postanowisz wymienić żarówki na energooszczędne, kupuj jedną świetlówkę na tydzień i zacznij od najczęściej używanych pomieszczeń – dzięki temu oszczędności będą największe – a potem stopniowo wymień żarówki w całym domu.
- Zainstaluj ściemniacze w pomieszczeniach, w których jaskrawe oświetlenie nie jest niezbędne.

- Co trzy miesiące rozmrażaj zamrażarkę. Dzięki temu będzie ci dłużej służyć, a jej praca będzie bardziej efektywna.
- Wyjeżdżając na urlop, opróżnij lodówkę, umyj ją i zostaw otwarte drzwi, żeby umożliwić obieg powietrza.
- Wyłączaj telewizor i magnetowid – pozostawianie ich w trybie gotowości to marnotrawstwo prądu i pieniędzy.
- Obniż temperaturę w pomieszczeniach o jeden stopień. Jeśli jest ci chłodno, włóż bluzę albo sweter, zamiast podkręcać ogrzewanie.
- Jeśli wiatr świszczy w szparze pod drzwiami wejściowymi, zamontuj uszczelkę chroniącą przed przeciągiem, na drzwiach od wewnątrz zawieś ciężką kotarę, albo uszczelnij drzwi, kładąc coś wzdłuż szpary.
- Zamontuj półki nad kaloryferami, żeby ciepłe powietrze odbijało się od nich do środka pomieszczenia.

Jak oszczędzać pieniądze podczas gotowania

Spryt i wydajność podczas gotowania przynoszą znaczące oszczędności.

- Przyrządzaj jednocześnie cały obiad w piekarniku. Możesz na przykład upiec w nim za jednym zamachem zapiekankę, warzywa i szarlotkę. Możesz też podwoić ilości składników i przygotować dwie porcje potrawy – jedną na teraz, a drugą na później.
- Użyj durszlaka, by ugotować jednocześnie dwa rodzaje warzyw na jednym palniku. Włóż do garnka dłużej gotujące się warzywa, postaw na garnku durszlak z szybciej gotującymi się jarzynami i przykryj pokrywką.
- Kiedy włączasz czajnik, gotuj tylko tyle wody, ile ci potrzeba.
- Kiedy tylko to możliwe, przykrywaj garnki pokrywkami. Ten zabieg zmniejszy ilość pary wypełniającej kuchnię, a potrawy szybciej się ugotują.
- Zanim włączysz piekarnik, od razu umieść w nim na odpowiedniej wysokości ruszty i blachy. Jeśli przekładasz je po nagrzaniu piekarnika, ciepło ucieka, a ty ryzykujesz poparzenie.

LEKCJA 15
URZĄDZANIE DOMU
Akcenty osobiste, które tworzą klimat domu

Budynek mieszkalny staje się domem właśnie dzięki akcentom osobistym. Niech twój dom odzwierciedla twój gust i styl, niezależnie od tego, czy urządzisz go w stylu swobodnej elegancji, orientalnego przepychu, skandynawskiej prostoty, czy jeszcze innym. Odpowiednio urządzone wnętrze to takie, w którym czujesz się komfortowo i spokojnie.

Nie wszyscy mają możliwość zaczynać urządzanie domu od etapu „czystej kartki", a zrealizowanie marzeń może zająć wiele lat, ale niech to cię nie zniechęca.

Wybór stylu dekoracji wnętrza, dodatków, ozdób i obrazów, które dodają wnętrzu uroku oraz indywidualności, jest bardzo osobisty. Czerp natchnienie z prawdziwego zalewu porad dekoratorów wnętrz, które znajdziesz w czasopismach, ale nie ograniczaj się do ślepego wypełniania ich zaleceń. Niech sobie głoszą, że mechate abażury i strategicznie rozmieszczone misy ze szklanymi kamykami to ostatni krzyk mody i koniecznie trzeba je mieć w tym sezonie – jeśli tobie się nie podobają, nie ma na nie miejsca w twoim domu!

Zrób wejście ze stylem

Liczy się pierwsze wrażenie. Okolica drzwi wejściowych do twojego domu – w środku i na zewnątrz – powinna być estetyczna i zachęcająca do wejścia.

Regularnie myj drzwi wejściowe, uzupełniaj ubytki farby, a także poleruj okucia i klamkę. Piękne obramowanie drzwi stanowi para pasujących do siebie donic z kwiatami lub miniaturowych drzewek.

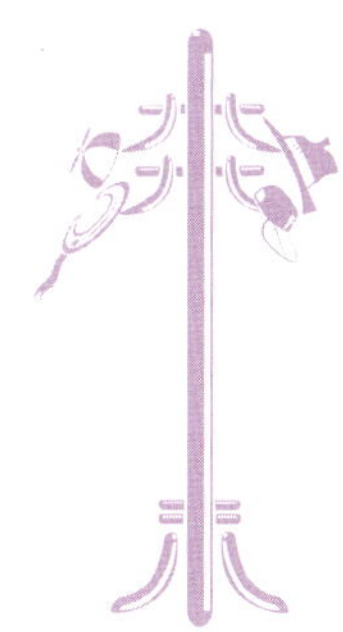

Jasny i niezagracony przedpokój zachęca do wejścia dalej. Jeśli przedpokój jest mały albo wąski, usuń z niego zbędne meble i powieś na ścianie lustro, które będzie odbijać światło. Prosty wazonik ze świeżymi kwiatami albo roślina w doniczce tworzą klimat pomieszczenia.

Pokój dzienny

Salon jest właśnie tym pomieszczeniem, w którym możesz w pełni zabłysnąć swoim wyczuciem smaku. Jak najlepiej wykorzystaj przestrzeń – optyczne sztuczki pozwalają oszukać zmysł wzroku, a pomieszczenie dzięki nim wydaje się dużo większe.

- Ściany, podłogi i sufit, a także meble, powinny mieć jasne barwy.
- Zasłony, dywaniki i poduszki pozwalają wprowadzić do wnętrza różne faktury i odcienie barw.
- Możesz zgromadzić w jednym miejscu kolekcję ozdobnych luster, które będą odbijać światło.
- Zasłony powinny być proste. Rozsuwaj je, aby do pokoju wpadało jak najwięcej światła.
- Zakup telewizora z płaskim ekranem pozwoli zyskać trochę miejsca.
- Jeśli brakuje ci miejsca do siedzenia, zabuduj przestrzeń pod oknem wykuszowym, a nawet zwykłym oknem. Skrzynia z podnoszonym wiekiem to również dodatkowe miejsce na przechowywanie rzeczy.
- Ogranicz liczbę mebli do minimum.
- Jeśli w pokoju jest mało miejsca, podłoga nie powinna być zastawiona sprzętami i meblami. Powieś na ścianach półki, ale pamiętaj – im mniej, tym lepiej.

Jeśli nie narzekasz na brak przestrzeni i lubisz odważne, nasycone kolory – śmiało! Bogate barwy, subtelne oświetlenie i naturalne drewniane podłogi stworzą przytulną atmosferę.

Jeśli mieszkasz w starym budynku i pragniesz, by wystrój salonu był zgodny ze stylem okresu, w którym powstał budynek, najpierw zbierz informacje. Odwiedź dostępne do zwiedzania budowle z tego samego okresu, wybierz się do biblioteki, by przejrzeć albumy poświęcone architekturze wnętrz, obejrzyj kilka filmów, których akcja toczy się w tym okresie, by znaleźć w nich inspiracje do wyboru tkanin i kolorów. Elewacja i wystrój wnętrz budynku powinny ze sobą harmonizować.

Zasłony, lambrekiny i taśmy do zasłon

Ozdabianie okien jest polem do popisu dla twojej kreatywności, niezależnie od tego czy sama szyjesz zasłony, kupujesz je, robisz na zamówienie, czy też przerabiasz stare zasłony, nadając im nowy wygląd. Styl prosty, rustykalny czy wyszukany – wybór należy do ciebie.

- Starym zasłonom nadasz nowy wygląd, doszywając nową lamówkę, taśmę lub frędzle, albo usuwając stare.
- Gładkie woalowe firanki możesz ozdobić w następujący sposób: narysuj na kartonie wzór liścia. Podłóż wzór pod tkaninę i przerysuj motyw za pomocą farbki do tkanin w pisaku. Utrwal farbę zgodnie z podanymi na jej opakowaniu instrukcjami.
- Za pomocą kleju do tkanin naklej na gładkie zasłony nieskomplikowane aplikacje.

* Stare prześcieradła można wykorzystać jako niedrogą podszewkę do zasłon.
* Lekkie firanki obciążysz, wkładając w obrębek monety.
* Żeby okno wydawało się większe, a do środka pomieszczenia dostawało się jak najwięcej światła, zawieś karnisz 20 cm nad ramą okienną. Karnisz powinien być szerszy od ramy okiennej o 30 cm z każdej strony.
* Zamiast na kółkach możesz powiesić lekkie zasłony na wstążkach albo tasiemkach ze skóry lub zamszu.
* Drewniany lambrekin warto pomalować farbą w kolorze pasującym do reszty pomieszczenia.
* Jedwab na sari, dostępny w bajecznych kolorach i bogato zdobiony, to świetny pomysł na lekkie zasłonki i lambrekiny.
* Po obu stronach okna, na górze, przymocuj kołatki do drzwi, udrapuj na nich tkaninę i prosty lambrekin gotowy.

Ozdobne poduszki

Poduszki tworzą we wnętrzu przytulną atmosferę, ale również sprawiają, że jego wystrój jest spójny dzięki akcentom kolorystycznym uzupełniającym paletę użytych barw albo z nią kontrastującym.

Jeśli jesteś spostrzegawcza, uda ci się wyszukać w sklepach podczas wyprzedaży piękne i niedrogie poduszki. Nawet jeśli nigdy wcześniej nie trzymałaś w ręku igły do szycia, z łatwością sama je zrobisz – zwłaszcza gdy kupisz gotowe wkłady do poduszek, a uszyjesz tylko poszewki. W sklepach z używanymi rzeczami można trafić na dobrej jakości aksamitne zasłony, które w łatwy sposób przerobisz na efektowne poduszki (sprawdź, czy aksamit nie jest wyblakły).

DOBRE RADY

* Jeśli wystrój salonu ci się opatrzył, wymień poduszki i zasłony na nowe – całkowicie odmienią wygląd pokoju.
* Aby zrobić dużą poduchę, służącą jako siedzisko, zszyj razem dwa lekkie dywaniki i włóż wkład do środka.

Oświetlenie

Jednym z najłatwiejszych sposobów na budowanie nastroju we wnętrzu jest właściwe oświetlenie. W większości pomieszczeń stosuje się oświetlenie sufitowe, ale można je uzupełnić starannie rozmieszczonymi lampami stołowymi, podłogowymi oraz reflektorkami. Istnieje niezliczona ilość wzorów lamp, z pewnością więc znajdziesz coś odpowiedniego do wybranego miejsca.

Lampę z prostym abażurem można łatwo ozdobić, nadając jej indywidualny charakter.

- Za pomocą szablonów nanieś na abażur wzory pasujące do wystroju wnętrza.
- Wytnij w abażurze niewielkie otwory, np. w kształcie liści, dzięki którym światło się rozproszy.
- Doszyj frędzle, lamówkę lub dekorację z paciorków wzdłuż dolnej krawędzi abażuru.

Sztuka pielęgnacji roślin doniczkowych

Rośliny pielęgnowane w odpowiedni sposób są wspaniałą ozdobą domu.

- Rośliny doniczkowe powinny pasować do wystroju wnętrza. Bambusy i rośliny o wysokich spiczastych liściach dobrze wyglądają w pomieszczeniach urządzonych w stylu orientalnym. Do neutralnych wnętrz lepiej pasują rośliny o bardziej wyszukanej formie, na przykład fikusy i pnącza.
- Uważnie przeczytaj dołączone do rośliny informacje na temat sposobu jej pielęgnacji. Dowiesz się z nich, czego roślina potrzebuje do bujnego wzrostu.
- Kurz z roślin o dużych mocnych liściach, takich jak fikusy i monstery, wyczyść delikatnie wewnętrzną stroną skórki od banana. Kurz dobrze się do niej przyczepia, a przy okazji odżywisz liście rośliny. Możesz również użyć miękkiej szmatki zwilżonej odrobiną mleka.
- Większość roślin należy podlewać od spodu. Wstaw doniczkę do miski z wodą na pół godziny, aby woda miała czas wsiąknąć w podłoże. Podlewając rośliny od góry, pamiętaj, by moczyć tylko podłoże, a nie liście.
- Rośliny rozwijają się w stronę słońca, więc jeśli trzymasz je na parapecie, odwracaj doniczkę co kilka dni, by zapewnić kwiatom równomierny wzrost.
- Aby sprawdzić, czy roślina wymaga podlewania, włóż palec w podłoże na głębokość 2 centymetrów. Jeśli ziemia jest sucha, podlej roślinę, a jeśli wilgotna, odczekaj kilka dni.

Dobra rada Anthei

Storczyki wyglądają naprawdę imponująco i niezwykle dekoracyjnie. Wydają się drogie, ale biorąc pod uwagę fakt, że ich kwiaty utrzymują się przez przynajmniej trzy miesiące, są wydatkiem bardziej opłacalnym niż kupno bukietów, które trzeba wymieniać co dwa tygodnie. Odmiana *Phalaenopsis* jest naprawdę łatwa w uprawie, a przy odrobinie szczęścia zakwitnie ponownie, po krótkim okresie spoczynku. Storczyki są ozdobą domu nie tylko w okresie kwitnienia.

- Niektóre rośliny doniczkowe mają specyficzne wymagania, ale większość czuje się najlepiej w temperaturze od 15 do 25°C.
- Regularnie stosuj nawóz do roślin, aby były zdrowe.
- Często sprawdzaj, czy roślin nie zaatakowały szkodniki lub czy nie są zainfekowane jakąś chorobą. Usuwaj zeschłe liście i kwiaty.
- Kaktusy można odkurzyć suszarką ustawioną na zimny nawiew – trzymaj ją kilkanaście centymetrów od rośliny.
- Osłonki doniczek podklej kawałkami korka lub filcu, żeby nie porysowały mebli.
- Rośliny oczyszczają powietrze, warto więc, by znajdowały się w każdym pomieszczeniu.

Rośliny podczas urlopu

Oto sposoby, jak zadbać o przetrwanie roślin podczas urlopu.

- Przestaw rośliny w miejsce oddalone od bezpośredniego światła słonecznego, by spowolnić tempo parowania wody z podłoża.
- Na dnie wanny połóż duży stary ręcznik kąpielowy. Nasącz go wodą i ustaw na nim doniczki z roślinami.
- Jeśli masz naprawdę cenne okazy, zakup automatyczną konewkę – wetknij w ziemię kroplowniki, którymi doprowadzana jest woda, i napełnij zbiornik.

Rozwiązywanie problemów z roślinami doniczkowymi

Chorowity wygląd roślin może mieć różne przyczyny.

Opadające liście:

Najbardziej prawdopodobną przyczyną opadania liści jest niedostateczne podlewanie. Jeśli natomiast żółkną i opadają nowe liście, przyczyną może być nadmierne nawadnianie.

Brązowienie brzegów liści:

Brązowiejące krawędzie liści mogą być reakcją rośliny na nadmierne podlewanie, przeciągi i zbyt słoneczne stanowisko.

Żółknięcie liści:

Jeśli liście opadają, przyczyną jest zazwyczaj nadmierne nawadnianie. Jeśli liść żółknie, ale nie opada, to być może podłoże jest zbyt wapienne lub roślina nie ma wystarczającej ilości światła.

Zatrzymanie wzrostu:
Wiele roślin przestaje rosnąć lub spowalnia wzrost zimą. Jeśli roślina nie odżywa na wiosnę, prawdopodobnie „wyrosła" z doniczki, lub jest niedostatecznie podlewana albo nawożona.

Rośliny trujące

Niektóre rośliny doniczkowe są trujące – sprawdź, czy masz takie w domu. Jeśli w domu są dzieci lub zwierzęta, być może zechcesz się pozbyć trujących roślin. W przeciwnym razie włóż do doniczki tabliczkę z łacińską nazwą rośliny, żeby można ją było łatwo zidentyfikować w razie nagłego wypadku.

Kwiaty cięte

Kilka wazonów ze świeżymi kwiatami uwydatni piękno twojego domu. W prostocie tkwi siła – nie ma nic piękniejszego od pęku żonkili albo lilii. Nie musisz brać lekcji aranżacji kompozycji kwiatowych, by ułożyć atrakcyjny bukiet. Kilka kwiatów w wysokim wąskim wazonie wygląda bardzo efektownie.

Dbanie o kwiaty cięte

- Kiedy przyniesiesz do domu kwiaty kupione w kwiaciarni lub w sklepie, poświęć im trochę czasu, zanim włożysz je do wazonu, a będą cieszyć oko o wiele dłużej.
- Przytnij ukośnie łodygi, a jeśli są grube, zmiażdż ich końcówki, by lepiej chłonęły wodę.
- Oberwij liście, które po wstawieniu kwiatów do wazonu znalazłyby się poniżej linii wody.
- Włóż kwiaty do wiadra lub dzbana z wodą i odstaw je w chłodne miejsce na godzinę.
- Ułóż kwiaty w wazonie lub innym naczyniu. Możesz wykorzystać nietypowe naczynia, jak na przykład stary imbryk na herbatę, kielich na brandy lub płaską misę.
- Wrzuć do wody tabletkę musującej aspiryny – skutecznie przedłuży to trwałość kwiatów.

DOBRE RADY

- Możesz przedłużyć łodygi kwiatów, nakładając na nie słomkę do napojów. (Nalej do matowego wazonu wystarczającą ilość wody, by sięgała do końcówek kwiatów).
- Żeby tulipany nie zrzucały płatków, owiń je ciasno wilgotną gazetą i trzymaj w wodzie do wysokości 20 cm przez przynajmniej dwie godziny. Odpakuj kwiaty i nakłuj gęsto łodygi szpilką.
- Sczep razem pięć starych wałków do włosów. Włóż je na dno wazonu (oczywiście matowego), a utrzymają kwiaty w pożądanej pozycji.
- Jeśli nie masz gąbki florystycznej, przyklej na krzyż do brzegów szerokiego wazonu lub misy paski taśmy klejącej, które utrzymają kwiaty na miejscu.
- Jeśli wazon jest za duży w stosunku do ilości kwiatów w bukiecie, włóż do niego słoik lub szklankę.
- Regularnie czyść wazony niewielką ilością wybielacza, by zniszczyć bakterie.
- Usuniesz nieprzyjemny zapach z wazonu, jeśli napełnisz go wodą i dodasz łyżkę stołową musztardy w proszku. Zostaw na godzinę i wypłucz.
- Uważa się, że kieliszek wódki lub kropla lemoniady mogą przedłużyć trwałość kwiatów ciętych.
- Nie układaj żonkili w bukietach mieszanych, ponieważ wydzielany przez nie sok niszczy inne kwiaty.
- Odetnij białe końcówki łodyg kwiatów cebulkowych – żonkili, tulipanów i lilii – ponieważ uniemożliwiają kwiatom pobieranie wody.
- Codziennie sprawdzaj poziom wody w wazonie, a co dwa lub trzy dni wymieniaj ją i podcinaj końcówki łodyg.

LEKCJA 16
PRZYJMOWANIE GOŚCI
Jak przygotować kolację, przyjęcie przy grillu i piknik

Przyjmowanie gości w domu dowodzi prawdziwej gościnności i zażyłości stosunków. Każda z nas chce być idealną gospodynią, która umie od niechcenia przygotować wspaniałe przyjęcie. Nie jest to jednak takie proste. Na szczęście idealna gospodyni ma do dyspozycji tajną broń – staranne przygotowanie.

Zacznij przygotowania jak najwcześniej, niezależnie od tego czy szykujesz małe spotkanie, czy wielkie przyjęcie. Im mniej zostanie ci do zrobienia na ostatnią chwilę, tym większy zachowasz spokój i poczucie panowania nad sytuacją. Zrób listę wszystkich, nawet najdrobniejszych zadań, które należy wykonać przed rozpoczęciem przyjęcia.

Urządzaj takie przyjęcia, jakie sama lubisz i które jesteś w stanie przygotować – może to być piknik, kolacja na świeżym powietrzu albo uroczyste przyjęcie z prawdziwego zdarzenia. Przerost ambicji sprawi, że będziesz spięta i przemęczona, a twoi goście na pewno to zauważą. Przyjęcie to także nie pora na wypróbowywanie nowych przepisów – to tylko niepotrzebnie zwiększyłoby stres.

Na długo przed przyjęciem:

- zdecyduj, jakie przyjęcie urządzisz,
- przygotuj listę gości,
- ustal menu,
- zrób listę zakupów,
- wyślij zaproszenia. (Poza naprawdę uroczystymi okazjami wystarczy zaprosić gości telefonicznie, a następnie wysłać im e-mail, faks lub liścik z potwierdzeniem czasu i miejsca. Nie zapomnij poinformować znajomych o tym, czy jest to przyjęcie tematyczne lub jaka jest okazja do spotkania).

Alergie pokarmowe

Nie zapomnij zapytać swoich gości, czy są jakieś pokarmy, których nie mogą spożywać. Lepiej uniknąć sytuacji, w której dowiadujesz się, że twój gość jest uczulony na rybę, w momencie, gdy stawiasz na stół łososia. Łatwo jest zaplanować posiłek z uwzględnieniem szczególnych wymagań, jeśli wiesz o nich wcześniej.

Bliżej dnia przyjęcia:

* przejrzyj obrusy i serwetki, i w razie konieczności zamów kieliszki i napoje,
* kup produkty, które nie psują się szybko,
* przyrządź i zamroź potrawy, które nadają się do mrożenia.

Na dwa dni przed przyjęciem:

* uzupełnij brakujące produkty (jeśli to możliwe, wstrzymaj się z kupnem świeżych warzyw do dnia przyjęcia),
* przygotuj potrawy, które można przygotować wcześniej,
* kup kwiaty.

Dzień przed przyjęciem:

* starannie posprzątaj łazienkę,
* posprzątaj w sypialni lub opróżnij wieszak w przedpokoju, by zrobić miejsce na wierzchnie okrycie gości,
* zrób sobie listę wszystkich prac do wykonania w dniu przyjęcia.

W dniu przyjęcia:

* odkurz i uporządkuj pomieszczenia, w których odbędzie się przyjęcie,
* zastaw stół,
* przygotuj stolik z napojami (pamiętaj o napojach bezalkoholowych i wodzie),
* przyszykuj pozostałe potrawy, zostawiając jak najmniej pracy na ostatnią chwilę,
* sprawdź stan łazienki – upewnij się, czy jest w niej kosz na śmieci oraz mydło, chusteczki higieniczne, papier toaletowy, ręczniki i krem do rąk,
* sprawdź stan przedpokoju – zdejmij z haczyków okrycia członków rodziny i schowaj je, robiąc miejsce na płaszcze gości,
* zaplanuj zadania tak, abyś na godzinę przed przybyciem gości miała czas na odświeżający prysznic, włożenie na siebie czegoś ekstra i na chwilę relaksu.

Drinki przy grillu

* Zamroź winogrona i zawieś je na krawędzi misy z ponczem.
* Zamroź małe cząstki cytryny, limonki, pomarańczy, ogórka, albo owoce jagodowe w pojemniczkach na lód i dodawaj je do napojów ze świeżym sokiem.
* Jeśli podajesz schłodzony poncz owocowy, zamroź trochę soku w pojemnikach na kostki lodu – nie rozcieńczą ponczu tak, jak zwykłe kostki lodu.

Nie zapomnij o stosunkach dobrosąsiedzkich

Poinformuj sąsiadów o planowanym przyjęciu, zwłaszcza jeśli podejrzewasz, że się ono przedłuży, albo zaproś ich. Poproś gości, żeby nie zastawiali samochodami bram i podjazdów.

Przygotowanie oprawy przyjęcia

Rozejrzyj się po pomieszczeniach, które zamierzasz wykorzystać, i usuń z nich delikatne ozdoby, które mogłyby przypadkowo zostać rozbite. Sprawdź, czy goście będą mieli gdzie odstawiać drinki. Rozłóż podstawki pod drinki, a cenne meble przykryj, żeby się nie zniszczyły.

Dobrze dobrana muzyka stworzy odpowiedni nastrój – wybierz delikatne dźwięki, cicho grające w tle. Goście powinni zapamiętać z twojego przyjęcia skrzącą się dowcipem rozmowę, a nie ogłuszające dźwięki heavy metalu!

Ustaw odpowiednią temperaturę. Goście nie powinni przysypiać z gorąca, ani wkładać płaszczy w obawie przed odmrożeniami!

Stwórz właściwy klimat i atmosferę. Stylowe aranżacje kwiatowe, miękkie światło, tlący się ogień w kominku (pamiętaj o ekranie kominkowym) zbudują atmosferę ciepła i spokoju.

Niezależnie od okazji, z jakiej organizujesz przyjęcie, nie zostawiaj gości samym sobie tuż po ich przybyciu. Zajmij się nimi i przedstaw innym osobom, zanim znikniesz w kuchni.

Zaproszenia

Z wyjątkiem spontanicznych spotkań, wysyłaj zaproszenia przynajmniej dwa tygodnie przed datą przyjęcia, by umożliwić gościom zaplanowanie czasu, szczególnie jeśli są bardzo zajęci albo potrzebują znaleźć opiekunkę do dzieci.

Starannie przemyśl godzinę, na którą zapraszasz. Jeśli planujesz podać kolację o 20:00, zaproś gości na 19:00, żeby dać szansę spóźnialskim i by był czas na podanie aperitifów.

Idealne przyjęcie przy grillu

Zaplanuj przyjęcie przy grillu z dużym wyprzedzeniem – jedyna kwestia, której nie możesz zaplanować, to pogoda! Przygotuj na wszelki wypadek plan awaryjny.

Po pierwsze, przygotuj ogród na przyjęcie gości. Skoś trawę, zamieć taras i usuń wszelkie ogrodowe graty i zabawki. Ostatnia rzecz, jakiej możesz sobie życzyć podczas imprezy przy grillu, to potknięcie się jednego z gości o dziecięcy rowerek i odwiedziny na izbie przyjęć! Kup kilka pochodni ogrodowych.

Przygotuj jak najwięcej krzeseł i ławek – każdy gość powinien mieć swoje miejsce do siedzenia. Jeśli brakuje ci krzeseł, rozłóż na tarasie koce i poduchy. Potrzebny będzie przynajmniej jeden solidny stół na potrawy.

Jeśli to możliwe, ustaw grill nieco na uboczu, w miejscu osłoniętym od wiatru, by unoszący się dym nie przeszkadzał biesiadnikom. Jeśli używasz węgla drzewnego, pamiętaj, by zaplanować czas potrzebny na jego palenie. Będzie gotowy do grillowania, kiedy przynajmniej 80 procent węgielków pokryje się szarym popiołem. Spróbuj znaleźć pomocnika do obsługi grilla – nawet mężczyźni nigdy niezaglądający do kuchni uwielbiają odgrywać rolę grillowego mistrza ceremonii.

Zaplanuj menu

Grillowe menu powinno być proste. Jeśli masz mały grill, przyrządź na nim jedynie kilka potraw, a resztę dań upiecz w piekarniku – niech zjawiają się na stole jak za dotknięciem czarodziejskiej różdżki. Jeśli zamarynujesz mięso w marynacie o dymnym zapachu, niewiele osób przejrzy tę chytrą sztuczkę.

Oto produkty, które świetnie nadają się na grill:

- stek wołowy,
- kurze piersi,
- kotlety jagnięce,
- kotlety wieprzowe,
- dobrej jakości hamburgery wołowe (najlepiej domowej roboty),
- dobrej jakości kiełbasa,
- łosoś,
- pstrąg,
- świeże sardynki.

Aby poprawić smak potrawy, marynuj mięso i ryby przez kilka godzin. Możesz sama przygotować marynatę, albo użyj jednego z wielu rodzajów gotowych mieszanek dostępnych w supermarketach.

Podczas grillowania często zapomina się o wegetarianach, pamiętaj więc, by przyszykować jedno danie bezmięsne. Jedna z podawanych sałatek powinna zawierać odżywcze warzywa strączkowe.

Teraz wystarczy tylko przygotować kilka rodzajów sałatek, misę ciepłych młodych ziemniaków doprawionych miętą, lub ziemniaki pieczone w mundurkach, i mnóstwo chrupiącego pieczywa. Na koniec podaj sałatkę ze świeżych owoców, twój popisowy sernik, albo tartę z owocami, serwowaną ze śmietanką.

Jeśli możesz, przygotuj osobny stół na jedzenie i osobny na napoje. Nie zapomnij wyłożyć mnóstwa papierowych serwetek do wycierania tłustych palców.

Przygotuj miseczki z chipsami, orzeszkami, przekąskami, surowymi warzywami i dipami. Goście muszą mieć coś do przegryzienia w oczekiwaniu na danie główne.

Napoje bezalkoholowe

Na przyjęciu przy grillu w letni wieczór podaj orzeźwiający poncz owocowy albo mrożoną lemoniadę. To równie proste jak zmieszanie ginu z tonikiem.

Wyciśnij z owoców jak najwięcej

Aby uzyskać maksymalną ilość soku z pomarańczy, cytryn i limonek, pomasuj je przez chwilę, czyli potocz ręką w tę i z powrotem po blacie, a następnie przekrój na połowy i wyciśnij. Możesz też włożyć owoce na dziesięć sekund do mikrofalówki.

DOBRE RADY

- Przygotuj wystarczającą ilość węgla.
- Zanim podpalisz węgle, przetrzyj ruszt grilla szmatką zmoczoną w oleju – zapobiegnie to przywieraniu potraw.
- Nie ustawiaj grilla pod drzewem, aby gorąca temperatura nie przypiekła kory.
- Jeśli na posadzkę tarasu skapnie tłuszcz, posyp plamę żwirkiem dla kotów i wetrzyj go stopą. Zostaw do rana, a wtedy zmieć szczotką.
- Ziemniaki w mundurkach najprościej przygotować w piekarniku. Natrzyj je oliwą z oliwek i solą morską, i piecz do miękkości.
- Obgotuj kiełbaski w wodzie pięć minut, zanim położysz je na grill, inaczej mogą się zwęglić na zewnątrz, zanim środek się dobrze zagrzeje.
- Przykrywaj jedzenie, aby chronić je przed owadami i pyłem.
- Odstraszaj owady, paląc świece o zapachu cytrusów. Trzymaj pod ręką środek odstraszający i krem po ukąszeniach owadów, na wszelki wypadek.

Bezpieczne grillowanie

- Piekąc na grillu, używaj specjalnych sztućców do grilla na długich trzonkach i wkładaj rękawice ochronne.
- Jeśli masz grill na węgiel drzewny, przygotuj wiadro z piaskiem i spryskiwacz z wodą.
- Trzymaj pod ręką miskę z wodą i ręcznik, aby umyć ręce, zanim dotkniesz surowego mięsa i ryb, a także po kontakcie z nimi.
- Nigdy nie zostawiaj grilla bez nadzoru. Wszystko, co będzie ci potrzebne, ustaw na podręcznym stoliku, żebyś nie musiała co chwila biegać do kuchni.
- Zawsze wkładaj fartuch do grillowania i unikaj strojów z obszernymi rękawami.

SMAKOWITE SOSY DO MIĘSA I MARYNATY, KTÓRE POPRAWIAJĄ SMAK POTRAW

Pomarańczowo-imbirowy sos do polewania mięsa

– świetny do piersi i udek z kurczaka

(Porcja dla 8 osób)

4 łyżki stołowe konfitury imbirowej
1 łyżka stołowa sosu Worcestershire
otarta skórka i sok z połówki pomarańczy
1 łyżka stołowa octu winnego
sól i pieprz do smaku

Włóż wszystkie składniki do rondelka, dodaj sól i pieprz do smaku. Delikatnie podgrzewaj, aż konfitura się rozpuści. Starannie wymieszaj. Przełóż do miseczki i polewaj leżące na grillu piersi lub udka z kurczaka.

Marynata z miętą i octem balsamicznym

– doskonała do kotletów jagnięcych

(Porcja dla 8 osób)

14 łyżek stołowych octu balsamicznego
otarta skórka i sok z 2 cytryn
12 łyżek stołowych oliwy z oliwek
4 łyżki stołowe posiekanej mięty
3 duże ząbki czosnku, zmiażdżone
3 łyżki stołowe cukru brązowego o niskiej zawartości maltozy
sól i pieprz do smaku

Połącz w miseczce składniki marynaty. Włóż jagnięcinę do płaskiego pojemnika i zalej marynatą. Przykryj pokrywką i wstaw do lodówki na 6 godzin, a najlepiej na całą noc. Upiecz na grillu.

Pikantny sos barbecue

– pasuje do mięsa i drobiu

(Porcja dla 8 osób)

4 łyżki stołowe oliwy z oliwek
2 średnie cebule, pokrojone w drobną kostkę
4 ząbki czosnku, zmiażdżone
2 łyżki stołowe sosu Worcestershire
2 łyżki stołowe przecieru pomidorowego
4 łyżki stołowe cukru brązowego o niskiej zawartości maltozy
8 łyżek stołowych octu z białego wina
1 łyżeczka łagodnego chilli w proszku
1 łyżeczka musztardy z całymi ziarnami gorczycy
kropla sosu Tabasco (wedle uznania)
1 duża puszka krojonych pomidorów

Na teflonowej patelni rozgrzej oliwę. Smaż cebulę i czosnek na średnim ogniu przez 5 minut, aż zmiękną. Dodaj pozostałe składniki i zagotuj, po czym zmniejsz ogień i gotuj sos na wolnym ogniu przez 15 minut, aż zacznie gęstnieć. Od czasu do czasu zamieszaj, żeby nie przywarł do patelni. Przelej do miseczki. Trzymaj w cieple do podania. Sos można zrobić wcześniej i podgrzać.

Owocowe zawijasy z grilla, podlewane jogurtem z miodem i wodą różaną

(Porcja dla 8 osób)

8 nektarynek wydrylowanych i pokrojonych w plasterki
300 g malin
400 g jagód
1½ łyżeczki mielonego cynamonu
4 łyżki stołowe miałkiego cukru
sok z 2 pomarańczy

Jogurt z miodem i wodą różaną:
2 łyżki stołowe wody różanej
2 łyżki stołowe miodu
400 g jogurtu naturalnego

Do przybrania:
3 łyżki stołowe posiekanych orzechów (migdałów lub pistacji)

Przygotuj owoce i przełóż je do miski. Dodaj świeżo wyciśnięty sok z pomarańczy, cukier i cynamon. Przygotuj 8 kawałków folii aluminiowej. Na środku każdego ułóż trochę owoców. Zawiń owoce w folię, tworząc paczuszki.

Przygotuj jogurt do polania deseru: przełóż jogurt do miski, dodaj do niego wodę różaną i miód. Starannie wymieszaj. Przykryj miskę i wstaw do lodówki, wyjmij w chwili podania.

Ułóż zawiniątka na średnio rozgrzanym grillu i piecz przez 5 minut. Zdejmij paczuszki z grilla i ostrożnie przełóż owoce wraz z sokiem do miseczek, w których podasz deser.

Polej owoce jogurtem i posyp orzechami. Podawaj natychmiast.

Idealna romantyczna kolacja dla dwojga

Stwórz nastrój dorównujący wykwintności podanych przez ciebie dań. Pamiętaj jednak, że siła tkwi w prostocie.

Ustalając menu, weź pod uwagę ulubione potrawy twojego gościa (lub męża albo partnera) i wybierz dania dobrze się uzupełniające. Podaj potrawy, które można przygotować wcześniej, musisz bowiem mieć trochę czasu dla siebie.

Przemyśl oprawę kolacji – jeśli jest lato i pogoda dopisuje, możesz przygotować kolację na tarasie. Jeśli będziecie jeść wewnątrz, zadbaj o to, by pokój był schludny i porządny – strasząca wyglądem metrowa sterta rzeczy do prasowania nie wprawi w zbyt romantyczny nastrój ani ciebie, ani twojego towarzysza.

Nakrywając do stołu, masz okazję do wyciągnięcia najlepszego obrusa i najlepszej porcelany. Dekoracja stołu powinna być prosta – być może kwiat róży unoszący się na wodzie w kryształowej misie – i niska. Jeśli ma być romantycznie, wysokie kwiaty nie powinny uniemożliwiać patrzenia sobie w oczy!

Lniane serwetki są dodatkową ozdobą. Nawiązując do centralnej dekoracji stołu, zawiąż wokół serwetki dopasowaną kolorystycznie wstążkę i włóż pod nią kwiatek. Możesz też zrobić bukiecik ze świeżych ziół – rozmarynu i tymianku, przewiązać go wstążeczką i położyć na serwetce.

Podstawą romantycznego nastroju jest odpowiednie oświetlenie. Światło powinno być ciepłe i przytłumione, skorzystaj więc ze ściemniacza, jeśli go zainstalowałaś. Świece są kluczowym elementem romantycznej atmosfery, obchodź się z nimi jednak ostrożnie i nie zapomnij ich zgasić przed pójściem spać. Unikaj świec perfumowanych, ponieważ ich zapach może zagłuszyć aromat potraw.

Zasady nakrywania do stołu

Zasady nakrywania do stołu są proste i niezmienne, niezależnie od tego czy szykujesz swobodny posiłek, czy uroczystą kolację.

Sztućce układamy na stole w kolejności użycia – zaczynając od leżących najdalej od talerza. Ostrza noży powinny być odwrócone w stronę talerza. Jeśli podasz zupę, łyżka powinna leżeć na prawo od noża. Widelce kładziemy po lewej stronie talerza, a noże po prawej. Łyżeczkę i widelczyk do deserów kładziemy powyżej talerza. Miseczka łyżeczki powinna być skierowana w lewo, a ząbki widelczyka – w prawo. (Noże i widelce, z których nie skorzystali nasi goście, zabieramy, sprzątając talerze po daniu głównym, i wtedy, przed podaniem deseru, kładziemy sztućce deserowe po obu stronach nakrycia).

Talerzyk na pieczywo stawiamy obok widelca i kładziemy na nim nóż do masła, trzonkiem w stronę krawędzi stołu. Kieliszki – jeden na wodę, mniejszy na białe wino i większy na czerwone wino – stawiamy powyżej noża do dania głównego.

Serwetki można umieścić pośrodku nakrycia, na talerzyku na pieczywo lub w jednym z kieliszków.

Pośrodku stołu stawiamy przyprawy, jeśli biesiadników jest nie więcej niż sześcioro lub ośmioro. Przy większej liczbie osób siadających do stołu, stawiamy dwa identyczne zestawy przypraw, po jednym na obu końcach stołu.

Pikantny łosoś z patelni

(Porcja dla dwóch osób)

dwa dzwonka łososia, po 175 g każde, bez skóry
4 łyżki stołowe słodkiego sosu chilli (do nabycia w supermarketach)
4 łyżki stołowe wody
torebka foliowa sałat mini-mix

1 Połóż dzwonka łososia na rozgrzanej teflonowej patelni (nie trzeba dodawać oliwy). Smaż na średnim ogniu przez 4 minuty, odwróć i smaż dalej, dopóki nie będą usmażone w środku.
2 Dodaj sos chilli i wodę, i gotuj przez kolejną minutę. Ułóż na talerzu porcję sałaty, na niej połóż łososia i polej sosem z patelni. Podawaj z młodymi ziemniakami posypanymi świeżą miętą, i z fasolką szparagową.

Dobra rada Anthei

Dip z tuńczyka i kukurydzy

To przepyszny sos do maczania warzyw, który znika ze stołu w ciągu kilku sekund. Należy wymieszać puszkę tuńczyka z puszką kukurydzy, a następnie połączyć z niskoprocentową śmietaną. Kiedy składniki sosu połączą się, tworząc papkę, można go podawać z połamaną na kawałki bagietką i pomidorkami czereśniowymi.

Owoce w czekoladzie z dipem śmietankowym

– przepyszna słodka wersja surowych warzyw z dipami
(Porcja dla dwóch osób)

100 g śmietanki kremówki
100 g naturalnego jogurtu greckiego
kilka kropli olejku waniliowego lub wody różanej
100 g czekolady dobrej jakości
świeże owoce
przesiany cukier puder

1 Ubijaj śmietanę, aż będzie sztywna, a mikser zacznie na jej powierzchni zostawiać „wzorki". Dodaj do niej jogurt, łyżeczkę cukru pudru i olejek waniliowy lub wodę różaną, po czym starannie wymieszaj. Przykryj i odstaw do schłodzenia.
2 Rozpuść czekoladę w małej misce trzymanej na parze. Mieszaj, aż masa będzie gładka.
3 Przygotuj owoce – doskonałe będą brzoskwinie, jabłka, truskawki, wiśnie, jędrne gruszki i morele. Większe owoce pokrój w cząstki. Wszystkie spryskaj sokiem z cytryny.
4 Owoce maczaj w rozpuszczonej czekoladzie i układaj do zastygnięcia na blasze wyłożonej papierem do pieczenia.
5 Ułóż owoce na paterze, pośrodku postaw miseczkę z kremem śmietankowym. Udekoruj talerz listkami mięty. Podawaj z kruchymi herbatnikami.

Sztuka robienia obrączek do serwetek

Używaj tylko serwetek z materiału (najlepszy moment na ich zakup to okres wyprzedaży w centrach handlowych, wtedy je kupisz za ułamek ceny wyjściowej).

* Złożoną serwetkę obwiąż wąską aksamitną tasiemką i włóż pod nią pojedynczy kwiatek.

- Jaskrawo kolorową lnianą serwetką obwiąż trzy pałeczki chlebowe. Pod węzeł wsuń gałązkę świeżego rozmarynu.
- Jeśli uprawiasz w ogródku szczypiorek, zerwij garść. Dwoma lub trzema źdźbłami obwiąż zwiniętą serwetkę.
- Na mocną bawełnianą nić nawlecz kolorowe żelki, a powstanie jadalna obrączka do serwetek.
- Nawlecz kilka obwarzanków lub precelków na sznurek z rafii i opleć nim złożoną serwetkę.
- Upleć warkocz z rafiowego sznurka i obwiąż nim gotowe obrączki do serwetek. Przymocuj kilka liści laurowych lub gałązkę szałwii albo tymianku.
- Obrączki w stylu rustykalnym: poszukaj w przyborniku do szycia kawałka tkaniny o luźnym splocie, np. lnu albo juty. Potnij go na paski, postrzęp ich brzegi, obwiąż zwinięte serwetki i wsuń pod spód dwie lub trzy pałeczki chlebowe.
- Wstąp do sklepu z materiałami i przejrzyj pudełko z resztkami, poszukując nietypowych dodatków: koronki, perełek i frędzli, z których zrobisz obrączki na serwetki. Może uda ci się znaleźć na dnie pojemnika efektowne kwiatowe aplikacje.
- Jeśli masz wolny czas, wybierz się do biblioteki i przejrzyj książkę poświęconą sztuce składania serwetek. Godzina poświęcona na naukę składania serwetek w wachlarze, łabędzie i lilie wodne z pewnością cię odpręży. Dzieci również lubią się uczyć tej sztuki.

Sztuka planowania menu

Wybór potraw powinien być podyktowany nie tylko okazją, ale również porą roku (aby móc wykorzystać jak najwięcej świeżych produktów), a czasem także środkami, jakimi dysponujesz. Warto się trzymać wypróbowanych przepisów. Wprawdzie książka kucharska może zapewniać, że jakieś danie jest banalnie proste do przyrządzenia, ale uwierz mi – nie ma żadnej gwarancji, że się uda.

Najpierw zaplanuj danie główne, a potem dobierz pasujące do niego przystawki i deser. Ułatw sobie pracę i wybierz łatwą do przygotowania przystawkę oraz deser, który można przyrządzić dużo wcześniej. Planując menu, nie zapominaj o kolorach i smakach kolejnych dań, aby uniknąć zestawień typu: przystawka z jajek, danie główne z dodatkiem jajek i jajeczny deser. Jeśli podajesz sycące danie główne, dla równowagi przystawka powinna być prosta, a deser orzeźwiający. W takiej sytuacji na deser można podać deskę serów i owoce.

Na koniec posiłku podaj czekoladki (jeśli znajdziesz czas, sama je przyrządź) i świeżo zaparzoną kawę.

Idealny piknik

Piknik jest jednym z moich ulubionych rodzajów przyjęć i nie ma znaczenia czy odbywa się pod drzewem w ogrodzie, w parku, nad rzeką, na wsi, czy podczas letniego koncertu na świeżym powietrzu. Miejsce, okazja i towarzystwo decydują o tym, na ile wyrafinowane będzie to przyjęcie. Nie chcę przez to powiedzieć, że rodzinne pikniki mają być nudne lub przewidywalne. Kiedy uporasz się z przygotowaniami i wszystko będzie już zapakowane, nadejdzie czas na relaks.

Chociaż to tylko piknik, spraw, żeby był wyjątkowy. Jeśli nie mówimy o zapakowanym do plecaka posiłku na drogę lub jeśli z samochodu do miejsca pikniku nie trzeba będzie pokonać kilometra, zapakuj prawdziwe talerze, filiżanki, kieliszki i sztućce. (Oczywiście nie te najlepsze, chyba że jest to naprawdę wyjątkowa okazja, która nigdy więcej się nie zdarzy). O wiele większą przyjemność sprawia jedzenie z prawdziwej zastawy niż z jednorazowych talerzy za pomocą plastikowych sztućców i kubków, choć przyznaję, że jest dużo cięższa.

Przed wyjściem z domu przełóż potrawy na półmiski oraz do misek, i przykryj folią spożywczą, wówczas na miejscu wystarczy je tylko rozpakować. Jedzenie wprost z plastikowych pojemników nie jest takie przyjemne. Jeśli pakujesz chipsy i inne przekąski, nie zapomnij o miseczkach, do których je przesypiesz.

Zabierz kawę, herbatę (osobno zapakuj mleko i cukier) i zimne napoje. Dorośli ucieszą się z wina, ale pamiętaj, że będziecie daleko od domu, a ktoś musi prowadzić! Nie zapomnij o napojach bezalkoholowych i wodzie. Moim zdaniem na piknik świetnie nadaje się domowa lemoniada. Nie potrzebujesz wcale drogiego wiklinowego kosza piknikowego; wystarczy mocne pudło kartonowe. Przenośna lodówka turystyczna albo torba termoizolacyjna jest niezbędna, by jedzenie pozostało chłodne i świeże.

Piknikowa lista „ku pamięci"

- Sztućce
- Zastawa stołowa
- Kieliszki
- Sztućce do nakładania
- Ostry nóż
- Korkociąg / otwieracz do butelek
- Sól i pieprz
- Spora liczba wilgotnych chusteczek do wytarcia lepkich palców
- Serwetki
- Lodówka turystyczna albo torba termoizolacyjna i wkłady chłodzące
- Koc do siedzenia
- Puste plastikowe torebki na śmieci
- Apteczka

DOBRE RADY

- Pakując wino, przyczep do niego taśmą klejącą korkociąg.
- Żeby sałata nie pogniotła się podczas drogi, miskę z nią włóż do pojemnika z przykrywką.
- Polej sałatę sosem dopiero na miejscu, żeby nie rozmiękła.
- Jeśli planujesz wzięcie kieliszków, zawiń je w folię pęcherzykową, żeby się nie potłukły.
- Przed otwarciem butelki z napojem gazowanym odstaw ją na chwilę, żeby się nim nie oblać podczas otwierania.
- Pakując talerze, przekładaj je dwiema papierowymi serwetkami – w ten sposób nie zapomnisz ich zapakować. Weź kilka dodatkowych serwetek, aby mieć czym wycierać rozlane płyny.

Piknik rodzinny

Spraw, by piknik rodzinny był wyjątkowy, niezależnie od tego gdzie się wybierzecie. Dzieci uwielbiają pikniki i jedzą podczas nich nawet te potrawy, na które w domu kręcą nosem.

Porcje jedzenia powinny być małe – małe kanapki, małe paszteciki z mięsem, małe *quiche* (tarty na słono) pokrojone w trójkąciki, małe zdobione babeczki upieczone w papierowych foremkach.

Przygotuj pojedyncze porcje deseru w kokilkach, albo truskawki maczane w czekoladzie i włóż do pojemniczków z przykrywkami. Podawaj z jogurtem.

Ciekawym pomysłem jest przygotowanie dla każdej osoby indywidualnego pikniku. Zapakuj jedzenie dla każdego członka rodziny z osobna – wykorzystaj torby lub pudełka na zakupy. Dzieci uwielbiają dreszczyk emocji towarzyszący rozpakowywaniu pudełka i odkrywaniu, co się w nim kryje.

Nie zapomnij o nawilżonych serwetkach do wytarcia lepiących się rączek i buź.

Piknik wykwintny

Piknik dla dorosłych to urok i przyjemność spożywania posiłków na świeżym powietrzu. Nie ma większego znaczenia, czy podasz szeroki wybór wytrawnych i słodkich przysmaków, czy też po prostu chleb z chrupką skórką, kilka rodzajów sera i owoce, a do tego butelkę dobrego, schłodzonego białego wina.

Parę pomysłów na menu

- Łosoś z grilla, rozdrobniony, skropiony słodkim sosem chilli i ułożony na liściach sałaty.
- Marynowana pierś z kurczaka, upieczona i pokrojona w plastry, z dodatkiem delikatnych pędów szparagów, ugotowanego na parze groszku cukrowego i młodych ziemniaczków na zimno. Odcedź ugotowane ziemniaki i obtocz je w oliwie z oliwek zmieszanej z łyżeczką octu balsamicznego i łyżeczką drobno posiekanej mięty. Ziemniaki muszą całkowicie ostygnąć, zanim je zapakujesz.
- Jeśli chcesz przygotować kanapki, zrób je wyjątkowe i podaj w zupełnie inny sposób. Możesz zapakować każdą kanapkę osobno, najpierw w papier śniadaniowy lub folię spożywczą, a potem w papier pakowy – jak paczkę. Każde zawiniątko obwiąż mocnym sznurkiem i przymocuj do niego karteczkę z informacją o zawartości.
- Na piknik świetnie nadają się desery, które można przyrządzić w kokilkach i przykryć folią; są łatwe w konsumpcji i transporcie. Wytnij z tektury kółka i umieść je na wierzchu każdej kokilki, wcześniej przykrytej folią. Ułóż kokilki pionowo jedną na drugiej – tektura uchroni deser przed zniszczeniem. Zawiń razem w folię i przechowaj w lodówce.
- Do pakowania pojedynczych porcji deseru używam hermetycznie zamykanych słoików. Poza tym słoiki świetnie się nadają do wszystkich produktów, które pakuję na piknik: cukier do herbaty, oliwki, dipy do maczania przekąsek itd. Jeden słoik zawsze jest pełen słodkości.

LEKCJA 17
PRZYJMOWANIE GOŚCI 2
Jak przygotować przyjęcie koktajlowe, zimny bufet i kolację dla przyjaciół

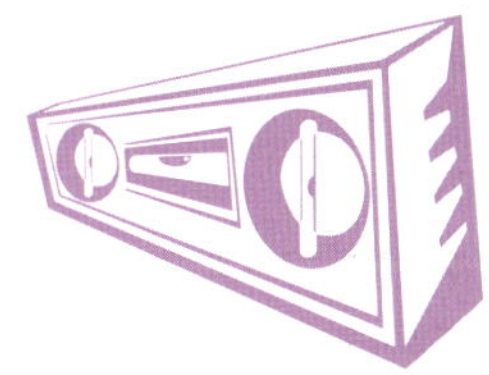

Idealne przyjęcie koktajlowe

Przyjęcie koktajlowe jest dobrym rozwiązaniem, jeśli chcesz zaprosić dużą liczbę gości. Tajemnica sukcesu jest ta sama – staranne przygotowanie i łatwość wykonania.

Podstawą każdego przyjęcia koktajlowego jest jedzenie, nie musisz jednak poświęcić wielu godzin na przyrządzenie wyszukanych potraw. Oczywistym dla mnie wyborem są domowe tartinki, przekąski i sosy do maczania. Jeśli jednak brakuje ci czasu, kup w supermarkecie lub delikatesach różnego rodzaju przystawki na jeden kęs.

Świetnie by było, gdybyś część tartinek podała na ciepło, a część na zimno. Kanapeczki muszą być małe – na jeden lub dwa kęsy. Warto również przygotować surowe warzywa do maczania w dipach i kilka talerzy ze słodkościami, ale nie jest to niezbędne.

Podając tartinki, układaj je na talerzach w odstępach, aby goście mogli z łatwością sięgnąć po te, które im najbardziej smakują. Kanapeczki serwowane na zimno i na gorąco podaj na osobnych półmiskach.

Jeśli zapraszasz więcej niż dziesięć osób, poproś kogoś – swojego partnera lub któregoś z przyjaciół – o zajęcie się kieliszkami gości i pełnienie funkcji barmana. Ty wówczas możesz się skupić na serwowaniu jedzenia.

Jak obliczyć potrzebne ilości jedzenia

Przyjmij ogólną zasadę, że:

- na dwugodzinne przyjęcie należy liczyć 6-8 tartinek na osobę,
- na przyjęcie czterogodzinne – 8-10 kanapeczek na osobę,
- na przyjęcie trwające cały wieczór, należy liczyć 10-12 tartinek na osobę.

Jedzenia wystarczy na dłużej, jeśli rozstawisz kilka salaterek z drobnymi przekąskami.

Przepisy na proste dipy

Do dipów podaj kilka rodzajów pokrojonych surowych warzyw, chipsy, *nachos*, krakersy i pałeczki chlebowe.

Dip z pesto i jogurtu

Wymieszaj jogurt naturalny lub serek o gładkiej konsystencji z łyżką sosu pesto.

Dip serowy

Łyżkę stołową rozgniecionego niebieskiego sera pleśniowego wymieszaj z kremowym serkiem topionym o niskiej zawartości tłuszczu.

Dip z czerwonego łososia

Weź małą puszkę czerwonego łososia w zalewie. Osącz rybę. Jeśli trzeba, usuń skórę i ości, rozgnieć widelcem, i wymieszaj z jogurtem naturalnym. Dodaj pół łyżeczki posiekanego koperku i trochę mielonego pieprzu. Przykryj i wstaw do lodówki do schłodzenia. Zamiast łososia możesz użyć tuńczyka.

Pikantny dip pomidorowy

Wymieszaj szklankę dobrej jakości przecieru pomidorowego (kupionego w sklepie ze zdrową żywnością) z łyżką stołową sosu Worcestershire i łyżeczką posiekanego szczypiorku.

Ekspresowe tartinki i przekąski

1. Na *nachos* nakładaj po łyżeczce hummusu i posyp odrobiną słodkiej papryki (uważaj, żeby nie przesadzić z papryką!).
2. Usuń trzonki z pieczarek, a powstałe zagłębienia wypełnij pasztetem roztartym na gładką masę.
3. Upiecz minibułeczki z orzechami włoskimi. Po upieczeniu przetnij na połówki i każdą posmaruj kremowym serkiem twarogowym. Na wierzch połóż plasterek korniszona albo pół wisienki koktajlowej.
4. Zrób koreczki z listka bazylii, kuleczki sera mozzarella, cząstki świeżej figi i małego plasterka włoskiej szynki *prosciutto*, zwiniętego w rulonik.
5. Czerwoną i zieloną paprykę oraz żółty ser pokrój w kwadraciki. Nadziewaj je na przemian na wykałaczki: najpierw czerwona papryka, potem ser, a na koniec zielona papryka.
6. Krewetki w sezamie i chilli: ugotowane krewetki królewskie obierz z pancerzyków, ale nie odrywaj ogonków. Maczaj je najpierw w słodkim sosie chilli, a potem w uprażonych ziarnach sezamu.

7 Bliny z wędzonym łososiem: na kupione lub zrobione w domu bliny nakładaj po łyżeczce gęstej kwaśnej śmietany, po kawałku wędzonego łososia, i ozdób gałązką świeżego koperku.
8 Obgotuj kiełbaski koktajlowe, a gdy są nadal ciepłe, obtocz je w musztardzie Dijon zmieszanej z miodem.
9 Wytnij z chleba (używając foremki do ciastek) kółka na jeden kęs, każde posmaruj oliwą z oliwek i zapiekaj w ciepłym piekarniku, aż będą chrupiące.

Napoje

Zastanów się, jakie podasz napoje. Większości osób powinno wystarczyć czerwone lub białe wino. Nie zapomnij o podaniu kilku rodzajów napojów bezalkoholowych. Jeśli podajesz tylko jeden lub dwa gatunki alkoholu, przygotuj zawczasu kilka kieliszków i ustaw je na tacy, częstując przybywających gości. Jeśli serwujesz koktajle, zmieszaj wcześniej składniki w dzbanku, wówczas wystarczy tylko nalać drink do szklanki i przybrać. Latem popularne są poncze owocowe, a w zimowe wieczory – rozmaite grzańce. Jeśli podejmujesz wielu gości, taniej wyniesie cię przygotowanie ponczu niż podanie różnych gatunków wina i mocniejszych trunków.

Dobra rada Anthei

Białe wino

Schładzaj je w lodówce przez dwie godziny. Jeśli brakuje w niej miejsca, wstaw butelki na godzinę do plastikowych wiader wypełnionych lodem.

Czerwone wino

Większość gatunków czerwonego wina należy podawać w temperaturze pokojowej, choć niektóre można lekko schłodzić. Poszukaj informacji o sposobie serwowania na etykiecie lub zapytaj sprzedawcę wina.

Wbrew temu, co twierdzą osoby snobujące się na znawców wina, wybór gatunku jest kwestią osobistych gustów. Jednakże większość osób woli pić słodsze wina z deserem, a świeże, rześkie białe wino z daniem głównym.

Zimny bufet

Zimny bufet to najłatwiejszy sposób na podjęcie dużej liczby gości. Świetnie sprawdzi się również wtedy, gdy zapraszasz kilkoro znajomych na obiad albo kolację o nieformalnym charakterze.

Przygotowania zacznij odpowiednio wcześniej i podejmij decyzję co do rodzaju i ilości jedzenia, jakie zamierzasz podać.

Wybierz potrawy, które można przygotować wcześniej i zamrozić, wówczas w przeddzień przyjęcia wystarczy je wyjąć do rozmrożenia, a następnie podać na zimno lub podgrzać. W dzień przyjęcia możesz przyrządzić warzywa i sałatki.

Kiedy oczekujesz niezbyt dużej liczby gości (mniej niż dwadzieścia osób), wystarczą dwa, najwyżej trzy dania główne. Na przyjęciach bufetowych zazwyczaj podajemy jedno danie na ciepło i jedno na zimno, albo serwujemy wyłącznie dania zimne. Obok ustawiamy dodatki – ryż, makaron albo ziemniaki – i pasujące warzywa lub sałatki. Wiele osób woli organizować przyjęcia bufetowe na zimno, ale to kwestia upodobania.

Wybierając potrawy, pamiętaj, że goście nie będą mieli gdzie postawić talerzy, więc potrawy muszą się nadawać do spożywania samym widelcem. Jeśli chcesz podać pieczone mięsa, np. szynkę lub indyka, pokrój je na cieniutkie plasterki, które można rozdrobnić widelcem.

Jeśli wśród twoich gości będą wegetarianie lub weganie, przygotuj z myślą o nich przynajmniej jedno danie główne. Podaj je z sałatką, której głównym składnikiem będzie ryż, ziemniaki albo warzywa strączkowe.

W przypadku dużej liczby gości, danie główne podaj na dwóch półmiskach – postaw po jednym półmisku na obu końcach bufetu. Dzięki temu przy stole nie zrobi się tłoczno, kiedy wszyscy zaczną sobie nakładać jedzenie.

Desery powinny być proste. Możesz je wcześniej zamówić w cukierni i zamrozić.

Zimne desery to świetne rozwiązanie dla zabieganej gospodyni przyjęcia. Wystarczy podać dwa desery. Duże salaterki z deserem z biszkoptów przekładanych kremem to kiepski pomysł, bo kiedy wszyscy zaczną go sobie nakładać, szybko zacznie wyglądać nieestetycznie i nieapetycznie. Lepsze są serniki i tarty z owocami, które można pokroić na porcje, ewentualnie misa sałatki owocowej. Ja najbardziej lubię proste rozwiązania i stawiam na stół jedną salaterkę z bezami, drugą z mieszanymi owocami i trzecią z bitą śmietaną.

Niektórzy nie przepadają za owocami i z wdzięcznością powitają deskę serów podanych z winogronami i plastrami świeżych fig oraz selera naciowego. Na koniec przyjęcia podaj świeżo zaparzoną kawę i ewentualnie luksusowe czekoladki.

Krzesła ustaw w kilku grupach, a jeśli jest to możliwe, przygotuj również parę stolików dla starszych gości i dzieci, którym łatwiej będzie zjeść przy stole, niż trzymając talerz na kolanach.

Sztuka zastawiania bufetu

Ustaw bufet w taki sposób, żeby był łatwo dostępny i żeby nie tworzył się wokół niego tłok.

Goście nakładający sobie samodzielnie dania na talerze, powinni mieć dostęp do bufetu z trzech stron. Ty sama powinnaś mieć dostęp do stołu od tyłu, żeby móc dostawiać i zbierać półmiski, nie przeszkadzając gościom.

Przykryj stół dużym obrusem. Pośrodku, nieco z tyłu, umieść element dekoracyjny – niski bukiet kwiatów albo piramidę z owoców.

Prostym sposobem urządzenia bufetu jest rozpoczęcie zastawiania stołu od oddalonego brzegu z lewej strony, następnie wzdłuż bliższej krawędzi stołu, aż do prawego górnego rogu.

1. Zacznij od talerzy, a następnie kolejno ustawiaj:
2. dania gorące,
3. warzywa,
4. zimne dania,
5. sałatki,
6. koszyk z pieczywem,
7. marynowane jarzyny oraz sosy,
8. noże i widelce,
9. serwetki.

Po głównym daniu sprzątnij niewykorzystane naczynia i resztki jedzenia. Wystaw desery oraz naczynia i sztućce potrzebne do ich spożycia.

Drinki podawaj przy innym stole – zmniejszy to tłok przy głównym bufecie.

Koktajl szampańsko-pomarańczowy

(Dla 8 osób)

200 ml świeżo wyciśniętego i schłodzonego soku z pomarańczy
75 ml likieru Grand Marnier
butelka szampana lub wina musującego, schłodzonego

Zmieszaj sok pomarańczowy i Grand Marnier w szklanym dzbanku. Bezpośrednio przed podaniem dodaj szampan lub wino musujące.

Musujący koktajl morelowy

(Dla 8 osób)

2 butelki słodkiego białego wina
240 ml wódki
skórka i sok z dwóch pomarańczy
2 butelki wytrawnego wina musującego lub niedrogiego wytrawnego szampana
duża puszka moreli w połówkach, osączonych z zalewy

Obierz pomarańcze ze skórki, usuń białą błonkę, która ma gorzki smak, i pokrój skórkę w cienkie paseczki. Namocz w wódce przez kilka godzin. Odpowiednio schłodź wino i szampana.

Przecedź wódkę do dużego naczynia, odrzucając skórkę pomarańczową. Dolej słodkie białe wino. Tuż przed podaniem dodaj wino musujące lub szampana.

Do szklaneczek nakładaj po kilka kostek lodu i po połówce moreli. Nalewaj koktajl (możesz użyć chochelki) i podawaj.

Idealna kolacja dla przyjaciół

Zaproszenie kilkorga przyjaciół na kolację to najbardziej swobodna forma podejmowania gości. Jednakże i w tym przypadku obowiązują te same zasady.

Zawczasu nakryj do stołu i wyjmij potrzebne półmiski. Rano przygotuj warzywa i wyjmij konieczne produkty z zamrażarki. W ten sposób będziesz mogła wziąć szybki prysznic i przebrać się przed przybyciem gości.

Zaplanuj posiłek łatwy i szybki do przygotowania – w zupełności wystarczą dwa dania. Soczysty stek, polane masłem młode ziemniaki i sałatka, po których podasz mrożony deser (możesz nawet „oszukać" swoich gości i kupić coś smacznego w sklepie), ewentualnie danie z makaronu podane z sałatką, a na deser wyborne lody ze świeżymi owocami i ciasteczkami amaretto – to tylko dwie propozycje menu.

Dobrzy przyjaciele, dobre jedzenie, dobra rozmowa, dobre wino – czy można chcieć więcej?

Kiełbaski i ziemniaki purée, podane z sosem z karmelizowanej cebuli
– danie na zimowe wieczory podnoszące przyjaciół na duchu, przez które nie zbankrutujesz
(Dla 4 osób)

8 dobrej jakości kiełbasek wieprzowych
słoik chutneya z karmelizowanej cebuli (koniecznie musi być to chutney z karmelizowanej cebuli, zwykły chutney z cebuli smakuje inaczej)
150 ml bulionu z kury z kostki
150 ml czerwonego wina
3 gałązki świeżego rozmarynu – oberwij listki
1 łyżka stołowa przecieru pomidorowego
sól i świeżo zmielony czarny pieprz

1 Rozgrzej oliwę na dużej patelni i smaż kiełbaski przez 8 minut, aż się zarumienią.
2 Wymieszaj w dzbanku wino, bulion, przecier pomidorowy i chutney, i powstałym sosem polej kiełbaski. Doprowadź do wrzenia, po czym gotuj na małym ogniu przez 20 minut, aż sos się zredukuje i zgęstnieje. (Jeśli sos okaże się zbyt gęsty, dolej trochę bulionu).
3 Podawaj z ziemniakami purée z ugotowaną na parze poszatkowaną kapustą lub fasolką szparagową i połówkami upieczonych pomidorów.

Pieczone gruszki z miodem i migdałami
– wspaniały łatwy deser
(Dla 6 osób)

6 twardych gruszek* przekrojonych na pół, bez gniazd nasiennych
4 łyżki stołowe płynnego miodu
50 g migdałów w płatkach, przyrumienionych
4 gałązki mięty
wyśmienite lody waniliowe

1 Rozgrzej piekarnik do 190°C.
2 Przekrój gruszki na pół (postaraj się zostawić ogonek na jednej z połówek) i wykrój łyżeczką gniazda nasienne. Przełóż gruszki do lekko natłuszczonego naczynia żaroodpornego, przekrojoną stroną do dołu. Piecz na środkowej półce piekarnika przez 40 minut, aż będą miękkie.
3 Wsyp migdały w płatkach na teflonową patelnię i upraż je bez tłuszczu na małym ogniu. Często potrząsaj patelnią, żeby się nie przypaliły. Dodaj miód i lekko go podgrzej.
4 Układaj po dwie połówki gruszek na talerzu – jedną połówkę połóż płasko, przeciętą stroną do góry, a na niej, ukosem, ułóż drugą połówkę, ogonkiem do góry. Skrop gruszki sosem z miodu i migdałów, i podawaj z gałką lodów waniliowych. Udekoruj gałązką mięty.

* Możesz również użyć nektarynek.

LEKCJA 18
PRZYJMOWANIE GOŚCI 3
Jak się przygotować do świąt Bożego Narodzenia i jak podjąć gości zostających na noc

Boże Narodzenie

Nie próbuj podczas świąt zamienić się w obdarzoną nadludzkimi siłami „superwoman". To oczywiste, że będziesz chciała trzymać rękę na pulsie, ale nie oznacza wcale, że wszystko musisz robić sama – to najprostsza droga do napięcia nerwowego.

Przygotowania do świąt wymagają jeszcze lepszego niż zwykle planowania i przydzielania obowiązków innym domownikom. Wezwij na pomoc każdego członka rodziny. Dziel się obowiązkami!

Wiele z nas składa sobie solenną obietnicę, że w przyszłym roku lepiej się zorganizujemy. Nie odkładaj tego na później – obiecaj sobie, że lepiej się zorganizujesz jeszcze w TYM roku. Zacznij planowanie i przygotowania już na kilka miesięcy przed świętami. Wyobraź sobie, jak cudownie się poczujesz, kiedy już zaplanujesz świąteczne posiłki, zrobisz listę zakupów, kupisz kartki świąteczne, zaprosisz gości i sprytnie schowasz pięknie zapakowane prezenty... a do świąt będą jeszcze dwa miesiące! Jeśli nie umiesz się aż tak zorganizować, przygotuj zawczasu przynajmniej spis zadań do wykonania i rozdziel obowiązki.

Nie ma tu miejsca na szczegółowe omówienie wszystkich detali związanych z przygotowaniami świątecznymi. Mam jednak nadzieję, że znajdziesz w tym rozdziale kilka przydatnych rad i wskazówek, które pozwolą ci uniknąć świątecznego zmęczenia i znaleźć czas, by naprawdę odczuwać radość ze świąt.

Słodkie upominki

Kup pudełeczka na prezenty, pasujące do dekoracji stołu, przewiąż je ładną wstążką i włóż do środka kilka wybornych czekoladek. Podając kawę po świątecznym obiedzie, daj każdemu z gości słodki upominek.

Jak walczyć z przedświątecznym stresem

Trzy miesiące przed świętami:

* Ustal, ile możesz wydać na jedzenie, napoje i prezenty. Jeśli nie przekroczysz budżetu, nie będziesz cierpieć biedy w styczniu.

* Spisz listę pomysłów na prezenty i prezentów, które musisz kupić. Kiedy przy okazji trafisz w sklepie na coś z listy, kup natychmiast. Gorączkowe poszukiwanie prezentów w ostatniej chwili zostaw beztroskim chłopcom!
* Kupuj prezenty przez Internet. Nie poniesie cię i nie wydasz więcej niż planowałaś, no i unikniesz przynajmniej jednej przymusowej wyprawy do zatłoczonych sklepów.
* Kup kartki świąteczne i uaktualnij listę osób, do których wysyłasz życzenia. Kiedy tylko znajdziesz wolną chwilę, poświęć ją na napisanie paru kartek. Weź ze sobą kilka kartek do pracy i napisz je podczas przerwy na lunch.
* Zaplanuj świąteczne posiłki i potrawy, jakie zamierzasz podać. Sporządź szczegółową listę potrzebnych produktów. Bądź realistyczna i zaplanuj świąteczny obiad, który przyrządzisz jak prawdziwa profesjonalistka. To nie czas na eksperymenty, nawet jeśli bardzo chcesz zaimponować biesiadnikom. Jeśli planujesz zaproszenie gości, podaj łatwe do przyrządzenia potrawy.
* Pamiętaj, że świąteczny posiłek to po prostu niedzielny obiad, tyle że obchodzony z większą pompą. Zachowaj więc właściwy dystans.
* Jeśli brakuje ci czasu lub gdy sama myśl o samodzielnym przygotowywaniu wszystkiego napawa cię strachem, kup gotowe potrawy na świąteczny obiad i inne spotkania towarzyskie, które zorganizujesz podczas świąt. Dodaj kilka dań domowej roboty, a większość gości nawet się nie zorientuje.
* Kup albo upiecz świąteczne ciasta. Jeśli lubisz piec, przygotuj surowe ciasto i włóż je do zamrażalnika, by upiec później.
* Zrób użytek z zamrażarki. Jeśli uda ci się wcześniej przygotować potrawy na czas świąt i okres poświąteczny, będziesz miała więcej czasu na przygotowanie się do uroczystości.
* Złóż zamówienie na świątecznego indyka, gęś lub inne mięso. Zaoszczędzisz czas, ponieważ będziesz musiała tylko odebrać zamówienia tuż przed świętami.
* Zrób listę napojów, które trzeba kupić. Pamiętaj o zrobieniu sporych zapasów napojów niegazowanych i soków owocowych.
* Przejrzyj ozdoby świąteczne. Sprawdź, czy nie trzeba czegoś dokupić i czy wszystkie lampki działają.

Bezpieczne korzystanie ze świec

Ciesz się pięknym światłem świec podczas świąt, ale korzystaj z nich w bezpieczny sposób.

* Nigdy nie zostawiaj płonących świec bez nadzoru. Wychodząc z pokoju, zdmuchnij płomień.
* Używaj stabilnych, trudnych do przewrócenia świeczników.
* Nie stawiaj płonących świec w pobliżu mebli, zasłon i innych tkanin używanych do dekoracji wnętrz. Nie stawiaj ich też w przeciągu.
* W centralnie ogrzewanych domach liście roślin doniczkowych robią się bardzo suche i łatwopalne, stawiaj więc świece z dala od nich.
* Nie stawiaj świec w miejcach dostępnych dla dzieci i zwierząt.
* Jeśli chcesz zrobić kompozycję ze świec, ustaw je na podkładce odpornej na wysoką temperaturę, na tyle dużej, by ochroniła blat mebla przed skapującym woskiem.

Dwa tygodnie przed świętami:

- Wyślij ostatnie kartki świąteczne. Sprawdź, do kiedy trzeba je wysłać, aby dotarły do adresata przed świętami.
- Uprzątnij dom, chowając wszystkie rzeczy na miejsce. Jeśli zamierzasz kogoś przenocować, przyszykuj pokój gościnny.
- Zrób listę wszelkich prac, które należy wykonać przed świętami. Odhaczaj na bieżąco wykonane zadania. Postaraj się nie zostawiać wszystkich przygotowań na Wigilię – wiele tradycyjnych potraw i dodatków można przyrządzić nawet tydzień wcześniej. Nie zapominaj też, że można je kupić gotowe.
- Zaplanuj gotowanie na świąteczne dni. Dzięki szczegółowemu planowi będziesz wiedziała, kiedy należy włożyć ziemniaki do piekarnika i kiedy trzeba ugotować brukselkę – będziesz mogła przewidzieć postęp prac.
- Kup napoje i inne produkty do spiżarni. W ten sposób ograniczysz ilość czekających cię później zakupów.
- Złóż zamówienie w internetowym supermarkecie. Zaoszczędzisz czas, jeśli podstawowe i ciężkie produkty – ręczniki kuchenne, papier toaletowy, napoje itp. – zostaną doręczone do domu. Złóż zamówienie wcześniej, żeby móc się umówić na dogodny termin dostawy. Ja sama trzymam się zasady, by zamawiać przez Internet wszystkie ciężkie lub objętościowo duże produkty, a także te rzeczy, których kupowanie nie sprawia mi przyjemności.
- Kup brakujące prezenty i zapakuj wszystkie upominki.
- Zastanów się, w co się ubierzesz na każdą świąteczną okazję. Przejrzyj garderobę – jeśli coś trzeba uprać, oddać do pralni lub wyprasować, zrób to teraz, a będziesz miała o jedno zmartwienie mniej.
- Udekoruj dom na święta i ubierz choinkę.

Tydzień przed świętami:

Nadeszła pora, by sporządzić ostateczną listę zadań do wykonania.

- Zaplanuj ostatnie wyprawy do supermarketu. Po raz ostatni sprawdź menu.
- Posprzątaj dom.
- Zabierz się do przygotowywania potraw – nie zostawiaj wszystkiego na Wigilię.

Gdy święta nadejdą:

Ponieważ wszystko już przygotowałaś i zaplanowałaś, realizacja planów pójdzie ci jak z płatka.

Włącz dzieci do świątecznych przygotowań

Święta są dla dzieci czasem magicznym, pozwól więc im aktywnie uczestniczyć w przygotowaniach. Dzięki temu docenią wysiłek, jaki wkładasz w to, by święta były naprawdę wyjątkowe.

Niech dzieci przygotują swoje własne listy zadań do wykonania. Oprócz różnych ekscytujących czynności, które same przyjdą im do głowy, na liście mogą się również znaleźć:

- pomoc przy ubieraniu choinki,
- przejrzenie zabawek i wybranie tych, które można oddać biednym dzieciom,
- sprzątnięcie dziecięcego pokoju.

Zanim całkowicie pochłonie cię praca, znajdź godzinkę lub dwie, by pomóc im zrobić własnoręcznie ozdoby na choinkę lub do dekoracji pokoju, świąteczną kartkę dla babci, czy pierniczki na prezenty dla przyjaciół.

Znajdź również czas na zabawę na dworze. I tobie, i dzieciom dobrze zrobi chwila odpoczynku na świeżym powietrzu. Pójdźcie do parku albo za miasto, i poszukajcie szyszek i gałązek, które potem pomalujecie farbami w spreju na srebrno, złoto i biało.

Kilka prostych przepisów, które możesz włączyć do świątecznego repertuaru.

Pikantne Conieco

Potrzebne składniki:
250 g mieszanki całych orzechów – nerkowców, orzeszków ziemnych, migdałów i orzechów laskowych
½ łyżeczki suszonej papryczki chilli w płatkach
½ łyżeczki nasion kolendry
½ łyżeczki nasion kopru włoskiego
1 łyżka stołowa miodu
sól do smaku

Wsyp orzechy na patelnię i przyrumień je na małym ogniu na złocisto – cały czas poruszaj patelnią, żeby się nie przypaliły. Dodaj przyprawy i praż przez kolejną minutę, po czym dodaj miód. Energicznie potrząśnij patelnią, żeby orzeszki dokładnie się pokryły miodem i przyprawami. Zdejmij z ognia i posyp odrobiną soli do smaku. Przestudzone orzeszki przełóż do miseczek.

Rozgrzewające wino na powitanie zmarzniętych gości

(Proporcje na 6-8 osób)

Potrzebne składniki:
1 cytryna i 2 duże pomarańcze (z uprawy ekologicznej), umyte i pokrojone na cienkie plasterki
1 gruba laska cynamonu, połamana na kawałki
8 całych goździków
100 g brązowego cukru
300 ml wody
butelka czerwonego wina

Do dużego garnka włóż cynamon, goździki, brązowy cukier i wlej wodę. Zagotuj i zdejmij z ognia. Dodaj plasterki cytryny i pomarańczy po czym odstaw na dwadzieścia minut, aby syrop przesiąknął aromatem cytrusów. Dodaj czerwone wino i podgrzewaj, aż będzie gorące – nie dopuść do zagotowania się wina, by alkohol nie wyparował. Przelej chochelką do szklaneczek odpornych na wysoką temperaturę.

(W zeszłym roku zabrakło mi czasu i kupiłam w supermarkecie gotowy grzaniec. Ukryłam butelki i zebrałam wiele pochwał za wyborne grzane wino – nie, nie przyznałam się do oszustwa!).

Moja pasierbica, Claudia, robi przepyszny – i łatwy – bezalkoholowy grzaniec jabłkowy.

Wlej karton słodkiego klarowanego soku jabłkowego do garnka. Dodaj dwie laski cynamonu i podgrzej sok. Odstaw na piętnaście minut, aby przeszedł korzennym aromatem. Podawaj w kubkach, a jako mieszadełka podaj długie laski cynamonu. Możesz je później wysuszyć i ponownie użyć.

DOBRE RADY – PAKOWANIE PREZENTÓW

- Jeśli jakiś prezent ma olbrzymie rozmiary i nie można go w żaden sposób zapakować, podnieś jeszcze bardziej poziom niepewności towarzyszącej rozpakowywaniu prezentów. Zawiń w ozdobny papier dwa małe pudełka, a do każdego włóż karteczkę ze wskazówkami. Jedno z pudełek połóż pod choinką; będzie w nim wskazówka prowadząca do drugiego pudełka. W drugim pudełku ukryj wskazówkę, która doprowadzi obdarowanego do prezentu schowanego w garażu, składziku lub w jednym z pokoi. Zawiąż na prezencie wielką kokardę albo przyczep do niego baloniki.
- Jeśli kompletnie nie radzisz sobie z pakowaniem prezentów, poszukaj kursów, które czasem są organizowane w okolicy świąt, np. przez ośrodki kultury lub centra handlowe. W bibliotece możesz również znaleźć książki poświęcone ozdobnemu pakowaniu upominków.
- Pakowanie prezentów może być prawdziwym wydarzeniem. Ułóż na dużym stole papier, wstążki, dodatki, taśmę klejącą i nożyczki. Nalej sobie kieliszek wina, przygotuj coś do przegryzienia, nastaw płytę z kolędami i zabierz się do pakowania.
- Żeby usunąć z bibuły zagięcia, przeprasuj ją ciepłym żelazkiem (bez pary).
- Prezenty dużych rozmiarów można zapakować w ozdobny papierowy obrus.
- Jeśli po świętach wybierzesz się do sklepów na buszowanie po wyprzedażach, kup na następny rok papier do pakowania prezentów, wstążki i inne akcesoria, za ułamek ceny sprzed świąt.

Olśniewający stół świąteczny

Pragniesz, aby podczas świąt stół wyglądał zachwycająco, a to wcale nie musi kosztować fortuny. Wystarczy tylko odrobina wyobraźni.

Dekoracje stołu

Element dekoracyjny stojący pośrodku stołu skupia na sobie wzrok i uwagę biesiadników. Wcale nie musi to być droga ozdoba – wystarczy kilka gałęzi jodły lub świerku atrakcyjnie ułożonych wokół świecy lub misa z unoszącymi się na wodzie świeczkami.

* Do szklanego naczynia w kształcie kuli włóż bombki choinkowe, pasujące kolorystycznie do dekoracji stołu. Utnij siedem kawałków wstążki i przyklej je taśmą klejącą do dna naczynia. Końce wstążki powinny się „wylewać" z naczynia na stół. Włóż do środka bombki.
* Jeśli nakrywasz stół białym obrusem i białą zastawą, możesz go udekorować w tonacji srebra i mroźnego błękitu. Pośrodku stołu – w grupie lub w rzędzie przez całą jego długość – ustaw maleńkie kryształowe świeczniki ze świeczkami do podgrzewacza. Ze srebrnej usztywnianej wstążki zrób obrączki na serwetki i ozdób je stroikami z kryształowych paciorków.
* W dużym wazonie lub szklanej osłonce na świece ułóż kompozycję z pomarańczy, nasion gałki muszkatołowej, goździków, lasek cynamonu, cytryn i limonek. Takie kompozycje wyglądają naturalnie i zachwycająco.
* Ułóż piramidkę z wypolerowanych zielonych jabłek, ozdobioną kilkoma gałązkami ostrokrzewu.
* Nie zapomnij o czerwonych jabłuszkach Królewny Śnieżki, wypolerowanych i zachęcająco ułożonych.

Priorytetowe przesyłki świąteczne

Zadbaj o to, żeby wysyłane przez ciebie pocztą prezenty dotarły do adresata w nienaruszonym stanie. Co roku mnóstwo przesyłek nie dociera na miejsce, a inne docierają uszkodzone z powodu niewłaściwego zapakowania lub zaadresowania. Nie pozwól, by taki los spotkał wysyłane przez ciebie upominki.

Przedmioty kruche i delikatne

Najpewniejszy sposób to włożenie prezentu do pudełka (chyba że już w nim jest) i zapakowanie go w ozdobny papier. Następnie należy włożyć go do drugiego pudełka, większego o przynajmniej 5 cm z każdej strony. Zabezpiecz pudełko z prezentem ze wszystkich stron folią bąbelkową, pociętym papierem z niszczarki albo kulkami styropianowymi. Prezent nie może się przesuwać i musi być dobrze zabezpieczony. Dokładnie zamknij zewnętrzny karton i owiń go brązowym papierem pakowym. Oklej taśmą klejącą i owiń sznurkiem.

Plastikowe pudełko, w którym znajdują się płyty CD i DVD, nie jest wystarczającym zabezpieczeniem. Owiń je przynajmniej trzykrotnie folią bąbelkową i oklej taśmą klejącą. Włóż do specjalnej koperty ochronnej lub do pudełka.

Prezenty nietłukące się

Nawet miękkie upominki, takie jak swetry, wyroby z dzianiny i poszewki na poduszki, należy zabezpieczyć przed wysłaniem. Nie wystarczy zawinąć ich w ozdobny, a następnie papier do pakowania, ponieważ łatwo może on zostać uszkodzony. Włóż zapakowany prezent do koperty bąbelkowej, lekkiego pudełka lub zabezpiecz tekturą falistą, sklejoną po obu końcach mocną taśmą. Następnie owiń papierem pakowym i zabezpiecz taśmą klejącą i sznurkiem.

Przesyłki zagraniczne

Nie wszystko można wysłać pocztą za granicę, a przepisy to regulujące są inne w każdym kraju. Zanim kupisz prezenty dla znajomych i przyjaciół mieszkających za granicą, dowiedz się na stronie www.poczta-polska.pl, jakie są przepisy dotyczące przesyłek zagranicznych. Sprawdź, w którym miejscu należy umieścić nazwisko i adres adresata, a gdzie nadawcy. Dowiedz się również, czy potrzebujesz wypełnić jakieś dokumenty celne. Niektóre kraje ich wymagają, inne nie. Jeśli formularz jest wymagany, a ty nie dołączysz go do przesyłki, zostanie ci zwrócona. Dowiedz się też, kiedy najpóźniej trzeba nadać paczkę, żeby dotarła do adresata na czas.

Jak adresować paczki

1 Napisz drukowanymi literami imię i nazwisko adresata. Nie zapomnij napisać kodu pocztowego. Kody pocztowe możesz sprawdzić w wyszukiwarce na stronie www.poczta-polska.pl.

2 Z boku napisz swoje imię i nazwisko oraz pełny adres (wraz z kodem pocztowym), żeby poczta mogła ci zwrócić przesyłkę, jeśli nie uda się jej doręczyć.

Oferowanie noclegu gościom

Kiedy ktoś u ciebie nocuje, ważne są drobne dowody troski – kwiaty w pokoju gościnnym, zapachowa świeczka stojąca przy łóżku, koszyczek z czymś na ząb, woda w butelce, koszyk z podstawowymi przyborami toaletowymi (ludzie zawsze o czymś zapominają).

Lista „ku pamięci" gospodyni

- Gościom odwiedzającym cię po raz pierwszy wyślij szczegółową mapkę i dokładne wskazówki, jak do was trafić. Nie zapomnij podać numer telefonu, żeby mogli zadzwonić po pomoc, jeśli się zgubią.
- Bądź gotowa na przyjęcie gości.
- Po przyjeździe gości pokaż im cały dom i zaprowadź do pokoju gościnnego. Daj im pół godziny na rozpakowanie i odpoczynek.
- Zrób w szafie miejsce i opróżnij szufladę lub dwie, żeby mieli gdzie powiesić i położyć swoje rzeczy. Nie zapomnij zostawić im kilku wieszaków na ubrania.
- Na brzegu łóżka ułóż ozdobną narzutę albo koc, na wypadek gdyby gościom było w nocy chłodno.
- Ścieląc łóżko, przygotuj kilka zapasowych poduszek. Jeśli goście nie będą ich potrzebować, po prostu odłożą je na bok.
- Przygotuj ręczniki kąpielowe, ręczniki do rąk i myjki.
- Sprawdź, jaka temperatura panuje w pokoju, zwłaszcza jeśli długo nie był używany.
- Jeśli goście zostaną na dłużej niż tydzień, zostaw w pokoju woreczek na pranie i pokaż, jak obsługiwać pralkę i suszarkę, jeśli wolą sami uprać swoje rzeczy. Niektórzy wolą samodzielnie zajmować się praniem, ponieważ cenią sobie prywatność i nie mają ochoty prezentować ci swojej bielizny.

- Pokaż gościom gdzie trzymasz żelazko i deskę do prasowania.
- Trzymaj pod ręką termofor dla osób, które łatwo marzną w nocy.
- Jeśli w twoim domu obowiązuje zakaz palenia, zadbaj o to, żeby goście mieli łatwy dostęp do ogrodu.
- Postaw na stoliku nocnym budzik, na wypadek gdyby goście zapomnieli przywieźć własny.
- Jeśli twoi goście mają za sobą długą i wyczerpującą podróż, nie trzymaj ich za długo pierwszej nocy.
- Pozwól swoim gościom spędzać trochę czasu w samotności i spokoju.
- Postaw w pokoju gościnnym dzbanek z wodą i szklankę, żeby nie musieli nocą po omacku szukać kuchni.

Szczęśliwa gospodyni to szczęśliwi goście. Odpręż się więc i czerp radość z odwiedzin.

Jeśli goście planują samodzielne zwiedzanie okolicy, przygotuj dla nich teczkę z mapami i informatorami turystycznymi, i zostaw ją w pokoju gościnnym. Materiały informacyjne dostaniesz w lokalnym punkcie informacji turystycznej.

Gdy goście ruszają w drogę powrotną, wręcz im pudełko z prowiantem. W środku powinny się znaleźć drobne przekąski, butelka wody, kartoniki z sokiem owocowym, miętówki i wilgotne ściereczki do wytarcia rąk.

Jeśli musisz odstąpić gościom swoją sypialnię, a sama przenieść się na rozkładaną sofę w pokoju dziennym, powiedz gościom, o której zamierzasz rano wstać. W przeciwnym razie mogą poczuć się zakłopotani, wchodząc zbyt wcześnie do salonu i przeszkadzając ci we śnie. Miłym gestem jest również przygotowanie specjalnej tacy – słoiczek kawy, herbata, kartoniki z mlekiem, cukier, kilka herbatników, filiżanki, spodeczki, łyżeczki i czajnik – dla rannych ptaszków, żeby mogli wypić poranną filiżankę kawy, nie budząc całego domu.

LEKCJA 19
BEZPIECZEŃSTWO W DOMU
Jak zapobiegać wypadkom i reagować w domowych sytuacjach awaryjnych

Bezpieczeństwo powinno mieć priorytetowe znaczenie w każdym domu. Bądź uważna i przewidująca – zabawka porzucona na schodach, chybotliwe krzesło czy leżący na ziemi przewód elektryczny stanowią zagrożenie, więc niezwłocznie je usuń. Od czasu do czasu przejdź się po domu, wyobrażając sobie, że jesteś kontrolerem BHP poszukującym potencjalnych zagrożeń – dzięki temu lepiej się skoncentrujesz. Zazwyczaj zadowalamy się wymówkami : „Ten wysłużony dywanik leży tu od lat i nikt nigdy się o niego nie potknął". Jutro może być ten pierwszy raz.

Większość domowych wypadków zdarza się w kuchni i łazience, w tych pomieszczeniach musisz więc być szczególnie czujna.

Wyłączanie prądu i wody

Czy wiesz, gdzie w twoim domu są główne wyłączniki wody, prądu i gazu? Jeśli nie, poproś kogoś, żeby ci pokazał gdzie je znaleźć i jak wyłączyć dopływ mediów. To niezwykle istotne.

Bezpieczeństwo w łazience

- Nigdy nie używaj w łazience urządzeń elektrycznych.
- Dywaniki łazienkowe muszą mieć antypoślizgową spodnią warstwę.
- Jeśli nie masz profilowanego brodzika antypoślizgowego, połóż na jego dnie specjalną matę chroniącą przed poślizgnięciem się.
- Jeśli w łazience jest terma gazowa, zawsze ją wyłączaj przed wejściem do wanny.
- Starannie osuszaj podłogę w łazience, żeby zapobiegać upadkom.
- Kiedy napełniasz wannę, najpierw nalej zimną wodę, a potem dolewaj gorącej. Sprawdź, czy temperatura jest odpowiednia, zanim wejdziesz do kąpieli.
- Szklanki i słoiczki łatwo się tłuką przy upadku na twarde powierzchnie, trzymaj je więc z dala od umywalki i wanny.
- W bezpieczny sposób pozbądź się przeterminowanych lekarstw. Zabierz je do apteki, gdzie można je wrzucić do specjalnego pojemnika.

Bezpieczeństwo w kuchni

- Zawsze trzymaj pod ręką rękawice kuchenne.
- Nie kładź na kuchennej podłodze dywaników, które mogą się przesunąć.
- Garnki i patelnie na kuchence stawiaj uchwytami do ściany.
- Jeśli coś się rozleje na podłogę, natychmiast wytrzyj.
- Nie zostawiaj bez nadzoru potraw przygotowywanych w piekarniku lub na ruszcie.
- Zawsze trzymaj w kuchni koc gaśniczy.
- Kup niski stopień do kuchni, na który możesz się wspiąć bez ryzyka, że coś na siebie zrzucisz, usiłując dosięgnąć najwyższych półek.

Ogólne zasady bezpieczeństwa

- W drzwiach wewnętrznych zamontuj szkło bezpieczne, które w razie stłuczenia nie rozpryśnie się na ostre kawałeczki.
- Kładąc dywaniki na pastowanych podłogach, podłóż pod nie matę antypoślizgową. Wyrzuć dywaniki i chodniki, które są już mocno wysłużone.
- Korytarze i schody muszą być dobrze oświetlone.
- Kiedy kapcie się zużyją, od razu wymień je na nowe.
- Pilnuj, żeby domownicy zawiązywali paski od szlafroków. Nietrudno się potknąć o ciągnący się po ziemi rozwiązany pasek.
- Nie kładź na schodach książek ani gazet, które należy wnieść na górę albo znieść na dół – łatwo się o nie potknąć i upaść.
- Sprawdź, czy wszystkie dekoracje świąteczne są ogniotrwałe. Kiedy wychodzisz z domu, wyłączaj lampki choinkowe z kontaktu.
- Zawsze dobrze wysusz dłonie, zanim dotkniesz kontaktu.
- Podest przed drzwiami wejściowymi powinien być dobrze oświetlony, a schody prowadzące do domu uprzątnięte z gratów.
- Nigdy nie napełniaj grzejnika olejowego, kiedy jest włączony. Zanim go przesuniesz, wyłącz.
- Zapisz się na kurs pierwszej pomocy, żeby wiedzieć jak sobie radzić z nagłymi wypadkami. W Internecie znajdziesz dużo ofert kursów tego typu.

Telefony alarmowe

Kiedy musisz wezwać służby ratownicze, postaraj się zachować spokój, żeby udzielić dyspozytorowi niezbędnych informacji w sposób jasny i konkretny.

Warto również nauczyć dzieci, w jaki sposób mogą wezwać służby ratownicze.

Apteczka

W każdym domu powinna być dobrze zaopatrzona apteczka. Możesz kupić gotowy zestaw leków i środków opatrunkowych w aptece albo w niektórych supermarketach, lub też samodzielnie wyposażyć domową apteczkę. Ta druga opcja jest lepsza, ponieważ sama wybierzesz, co powinno się w niej znaleźć. Leki i środki opatrunkowe trzymaj w plastikowym pudełku z przykrywką, w miejscu znanym wszystkim domownikom. Dobrym miejscem na apteczkę jest szafka w kuchni albo łazience, pod warunkiem, że nie tworzy się tam zbyt dużo pary.

Lekarstwa muszą być przechowywane w miejscu niedostępnym dla małych dzieci.

Apteczka musi zawierać:

- termometr,
- plastry z opatrunkami różnych rozmiarów,
- bandaże elastyczne,
- nieprzylegające kompresy sterylne,
- hipoalergiczny plaster opatrunkowy,
- chustę opatrunkową,
- gazę opatrunkową,
- pincetę, do usuwania drzazg,
- nożyczki,
- agrafki,
- płyn fizjologiczny i kompresy do przemywania oczu,
- chusteczki antyseptyczne,
- maść antyseptyczną,
- maść przeciwhistaminową na ukąszenia owadów,
- środki przeciwbólowe – paracetamol i ibuprofen (jeśli masz dzieci, także w wersji bezpiecznej dla nich).

Możesz dodać inne leki, jeśli są konieczne. W apteczce powinna się również znajdować lista telefonów awaryjnych.

Bezpieczeństwo domowe

- Wychodząc z domu, zawsze zamykaj drzwi na klucz. Zamykaj je od środka, kiedy pracujesz w ogrodzie lub kiedy jesteś czymś zajęta w drugim końcu domu.
- Nigdy nie zostawiaj torebki, portfela, kluczy i innych cennych przedmiotów w pobliżu drzwi wejściowych. Szukający łatwej zdobyczy złodzieje potrafią otworzyć drzwi i w mgnieniu oka zabrać wszystko, co jest w pobliżu.
- Nigdy nie zostawiaj kluczy w zamku od zewnątrz. Nie wieszaj ich też na haczyku albo gwoździu znajdującym się w miejscu, do którego można sięgnąć np. za pomocą zagiętego druta.
- Zawsze zamykaj składzik i garaż – znajdujące się tam narzędzia mogą umożliwić włamywaczowi dostanie się do twojego lub sąsiedniego domu.
- Drabinę należy trzymać pod kluczem w składziku albo garażu. Jeśli to niemożliwe, przymocuj ją do czegoś łańcuchem.
- Nie wpuszczaj do domu obcych, jeśli nie są w stanie się wylegitymować odpowiednimi dokumentami.
- Cenne przedmioty nie powinny być widoczne z zewnątrz przez okna mieszkania.
- Nigdy nie zostawiaj na drzwiach domu karteczki z informacją, że cię nie ma.
- Nie zostawiaj kluczy do domu pod donicą, wycieraczką albo kamieniem – złodzieje świetnie znają te kryjówki oraz wszystkie inne, które mogą ci przyjść do głowy.

Domowe sytuacje awaryjne

Każda pani domu powinna wiedzieć jak postąpić w przypadku sytuacji awaryjnych, które niekiedy się zdarzają. Nie zamierzam cię namawiać na przekwalifikowanie się na hydraulika, elektryka, stolarza lub cieślę. Chciałabym tylko, żebyś wiedziała jak się zachować w przypadku awarii i kiedy należy wezwać fachowca.

Jak odetkać zapchany zlew

Co zrobić w sytuacji, kiedy kuchenny zlew jest pełen wody, która nie odpływa?

Najpierw opróżnij zlew z wody. Wsyp do odpływu dwie szklanki wodorotlenku sodu i powoli wylewaj na niego czajnik wrzącej wody. Jeśli to nie usunie zatoru, powtórz te czynności.

Jeśli po powtórnym zastosowaniu wodorotlenku sodu odpływ nadal jest niedrożny, musisz użyć przepychacza do zlewu.

Umieść gumowy kołnierz przepychacza dokładnie nad odpływem. Energicznie poruszaj trzonkiem w górę i w dół, dociskając kołnierz do otworu. Pilnuj, żeby przepychacz cały czas znajdował się nad odpływem. Powtarzaj aż do skutku, a po usunięciu zatoru przepłucz rurę gorącą bieżącą wodą.

Jeśli zator znajduje się w syfonie pod zlewem, musisz go ostrożnie odkręcić. Zanim odkręcisz syfon, podstaw pod spód wiadro albo miskę. Delikatnie dłub w rurze zagiętym kawałkiem druta, dopóki nie usuniesz zatoru. Przykręć syfon z powrotem.

Jeśli te sposoby nie podziałają, wezwij hydraulika.

Udrażnianie przyłączy kanalizacyjnych wymaga użycia specjalnego sprzętu i jest zadaniem, które należy powierzyć hydraulikowi.

Zamarznięte rury

Zamarznięte rury powinno się bezzwłocznie odmrozić, żeby zapobiec ich popękaniu.

Zakręć główny zawór wody i odkręć krany, które są zasilane wodą z zamarzniętej rury. Sprawdź ręką, w którym miejscu rura zamarzła. Jeśli masz metalowe rury, do ich rozmrożenia użyj suszarki do włosów nastawionej na ciepły nawiew i trzymanej blisko zamarzniętego miejsca. Jeśli musisz odmrozić plastikowe rury, uważaj, by się nadmiernie nie rozgrzały i nie stopiły.

Nie dopuść do zamarzania rur, izolując je w odpowiedni sposób. Jeśli rury w twoim domu często przemarzają, w przypadku zapowiedzi nocnego ataku mrozu, przed pójściem spać wsyp do odpływu garść soli.

Zapobieganie pożarom

Większości wybuchających w domach pożarów można zapobiec, stosując podstawowe środki ostrożności.

- Zainstaluj czujniki dymu – przynajmniej jeden na dole i jeden na piętrze – które w porę ostrzegą cię o pożarze. Co miesiąc należy sprawdzić, czy czujniki sprawnie działają, a co roku trzeba wymieniać baterie. Wybierz łatwą do zapamiętania datę, na przykład datę swoich urodzin, wówczas nie zapomnisz o wymianie baterii.
- Nigdy nie zostawiaj bez nadzoru palącego się ognia ani ubrań suszących się przy nim.
- Nie chowaj pod wykładziną przewodów od przedłużaczy. Jeśli ulegną uszkodzeniu i przegrzeją się, wykładzina łatwo może się zająć ogniem.

- Przed pójściem spać opróżnij popielniczki. Zanim wyrzucisz z nich niedopałki i popiół, zwilżaj je wodą. Nigdy nie wyrzucaj niedopałków do kosza na śmieci pełnego papierów.
- Nigdy nie pal w łóżku.
- Nie przechowuj łatwopalnych płynów i farb w pobliżu drzwi wejściowych albo pod schodami. W razie pożaru szybko się zapalą i mogą ci uniemożliwić opuszczenie domu. Jeśli to możliwe, materiały łatwopalne przechowuj poza domem, na przykład w składziku.
- Nigdy nie susz kuchennych ściereczek nad kuchenką – to częsta przyczyna pożarów w kuchni.
- Nigdy nie przechowuj w domu benzyny.
- Jeśli używacie w domu koca elektrycznego, sprawdź czy jest on zgodny z normami bezpieczeństwa i regularnie oddawaj go do serwisu.
- Drogi ewakuacyjne nie mogą być niczym zastawione.
- Nigdy nie próbuj gasić wodą płonących urządzeń elektrycznych.
- Koniecznie kup gaśnicę i koc gaśniczy. W najbliższym oddziale Państwowej lub Ochotniczej Straży Pożarnej dowiesz się, jaki sprzęt gaśniczy jest najbardziej odpowiedni do zastosowania w domach.
- Jeśli poczujesz zapach dymu, natychmiast poszukaj jego źródła.

Jak postępować w razie pożaru

Samodzielnie możesz próbować ugasić jedynie naprawdę niewielki pożar. Jeśli nie jesteś go w stanie ugasić w ciągu dziesięciu sekund – OPUŚĆ DOM.

Sprawnie i spokojnie wyprowadź wszystkich z domu. Wezwij straż pożarną i zaalarmuj sąsiadów. Jeśli jest to możliwe i nie grozi niebezpieczeństwem, wychodząc z domu pozamykaj drzwi i okna. Nigdy nie wracaj do płonącego budynku.

Ogień w piekarniku:

Jeśli w piekarniku wybuchnie ogień, natychmiast wyłącz urządzenie. Nie otwieraj drzwiczek piekarnika – bez dostępu tlenu ogień sam zgaśnie. Jeśli masz piekarnik na gaz, zastosuj dodatkowy środek ostrożności i wyłącz główny dopływ gazu.

Płonący tłuszcz:

Jedną z najczęstszych przyczyn pożarów w domach jest korzystanie z frytkownic. Nigdy nie zostawiaj bez nadzoru patelni z tłuszczem na ogniu albo włączonej frytkownicy, nawet na moment. Jeśli tłuszcz zacznie płonąć, natychmiast wyłącz kuchenkę i przykryj patelnię wilgotną (lecz nie mokrą) ściereczką kuchenną albo kocem gaśniczym. (Nigdy nie nalewaj do patelni wody). Pod żadnym pozorem nie przesuwaj patelni. Zostaw ją do wystudzenia na przynajmniej pół godziny. Jeśli nie zdołasz od razu ugasić ognia, wezwij straż pożarną i opuść dom.

Płonące sadze:
Jeśli sadze w kominie zaczną się palić, wezwij straż pożarną. Postaw przed kominkiem ekran ochronny i odsuń na bok dywaniki.

Płonąca odzież:
Człowieka, na którym płonie odzież, ułóż na podłodze twarzą do dołu i nakryj grubą tkaniną, na przykład zasłoną, kocem lub dywanem, aby stłumić płomienie. Nie używaj tkanin syntetycznych, takich jak nylon, które topią się pod wpływem wysokiej temperatury. Nie próbuj toczyć poszkodowanego po podłodze, bo jedynie zwiększysz ryzyko rozległych poparzeń. Wezwij pogotowie.

Domowe szkodniki

Do naszych domów trafia wiele szkodników w poszukiwaniu pożywienia i ciepła. Niektóre z nich są stosunkowo niegroźne, ale inne, takie jak szczury, myszy, muchy i karaluchy, roznoszą choroby.

Najlepszą metodą obrony przed atakiem szkodników jest regularne czyszczenie miejsc szczególnie je przyciągających, czyli koszy na śmieci i odpływów.

* Jeśli coś rozlejesz, natychmiast wytrzyj. Utrzymuj kuchenne powierzchnie robocze i podłogę w czystości. Nie mogą na nich leżeć resztki potraw.
* Kosz na śmieci zawsze musi być przykryty. Wyrzucane do niego resztki jedzenia szczelnie zawiń, żeby nie przyciągały much.
* Nie zostawiaj niezapakowanych produktów żywnościowych na blacie kuchennym.
* Regularnie opróżniaj, myj i dezynfekuj kuchenny kosz na śmieci.
* Jeśli używasz w ogrodzie obornika, trzymaj go z dala od domu.
* Często sprawdzaj czy w garażu i na strychu nie zagnieździły się szkodniki.
* Regularnie czyść odpływy kanalizacyjne.

Jeśli pomimo twoich wysiłków szkodniki zaatakują dom, wezwij firmę zajmującą się dezynsekcją i deratyzacją.

Jeśli samodzielnie zamierzasz zastosować trutki na szkodniki, dokładnie przestrzegaj instrukcji znajdujących się na opakowaniu. Niektóre produkty tego typu są bardzo toksyczne, przechowuj je więc i pozbywaj się ich resztek w odpowiedni sposób.

INDEKS